ESSAI

SUR UN

CODE MARITIME GENERAL EUROPEEN,

POUR

LA CONSERVATION DE LA LIBERTE DE LA NAVIGATION ET DU COMMERCE DES NATIONS NEUTRES EN TEMS DE GUERRE.

ON Y A JOINT

DES

CONSIDERATIONS IMPARTIALES

SUR LA GUERRE

ENTRE

LA GRANDE BRETAGNE

ET

LES PROVINCES UNIES

DES PAIS-BAS.

A LEIPZIG

EN COMMISSION CHEZ SCHWICKERT 1782.

AVERTISSEMENT
DE L'EDITEUR.

L'*Auteur de* l'Essai sur la liberté de la Navigation et du Commerce des Nations neutres pendant la guerre, *y a remarqué *), qu'il seroit très-avantageux. à toutes les nations commerçantes de l'Europe, si d'un commun consentement on composoit un Code de Guerre et de Marine général pour le bien du commerce maritime des Neutres, qui ne souffre que trop, en tems de guerre, des parties belligérantes.*

*Lorsque ce livre parût **), sa Majesté l'Impératrice de Russie avoit déja formé le projet d'un* Systéme de Droit maritime général; *et elle fit bientôt connoître, tant aux Puissances maritimes neutres qu'aux bellige-*

*) §. CLXXII. p. 241.

**) en 1780, au mois d'Avril.

rantes, les principes qui y devoient servir de base.

Ce fut pour l'Auteur de l'Essai une très-grande satisfaction de voir, que ces principes étoient les mêmes qu'il a soutenus dans son ouvrage; et c'est ce qui l'a engagé à projeter un plan raisonné de Loix Maritimes générales Européennes, obligatoires en tems de guerre. Il l'a entièrement fondé sur les principes établis dans son Essai. Aussi s'y raporte-t-il très-souvent, et quelque fois il en répéte quelques passages, pour rendre son sujet plus clair à ceux de ses lecteurs, entre les mains desquels cet Essai n'est peut-être pas parvenu.

Et comme ce Plan des Loix Maritimes est un des écrits relatifs aux affaires du tems, on n'a pas hésité de le mettre sous la presse. Il s'y qualifie aussi, parcequ'on peut le considérer comme une continuation de l'Essai susdit.

Dans l'un et l'autre ouvrage, l'Auteur n'a cherché que la vérité. Il est également éloigné et d'une partialité aveugle et des anciens préjugés, par lesquels les droits des Parties belligérantes ont été étendus trop au delà de leurs justes bornes, en favorisant et autorisant des usurpations qui entrainent le déperissement et presque la ruine du commerce maritime des Nations neutres en tems de guerre.

Rien ne contribueroit tant à redresser ces grands inconvéniens qu'un système général de loix qui seroient obligatoires tant pour les Belligérans que pour les Neutres.

Quel éclatant sera donc le mérite de l'Auguste Princesse; qui achevera par sa puissante influence et par ses soins, un ouvrage si digne d'elle et de tant d'importance! Et quel glorieux sera le monument que dans le temple de la Rénommée lui érigeront les Peuples qui, par les loix équitables proposées et soutenües par elle, seront dorénavant délivrés de tant de véxations et de violences! Toute l'Europe commerçante lui rendra hommage, comme à la protectrice de la liberté de la mer et de la navigation.

Les principes extrêmement différens des Puissances belligérantes et des neutres, ont toûjours produit beaucoup de disputes entre elles; et même la présente guerre entre la Grande Bretagne et les Provinces Unies en est une consequence. On se flatte que les Considerations impartiales *sur cette guerre, vraisemblablement l'ouvrage d'un Politique Hollandois, ne déplairont pas au Public, et dans cette espérauce, on a donné ici une place à cet écrit, d'autant plus qu'il peut-être regardé comme une suite de la IX^ieme^ section de l'Essai sur la liberté de la Navigation et du Commerce des Nations neutres, et qu'outre cela il donnera des éclaircissemens notables sur la véritable situation des affaires entre ces deux Puissances.*

ESSAI

SUR UN

CODE MARITIME GENERAL EUROPEEN,

POUR

LA CONSERVATION DE LA LIBERTE DE LA NAVIGATION ET DU COMMERCE DES NATIONS NEUTRES EN TEMS DE GUERRE.

AVANT-PROPOS.

Dans *l'Essai sur la Liberté de la Navigation et du Commerce des Nations neutres pendant la guerre*, on a proposé, ou plûtôt souhaité que pour le bien des peuples trafiquans par mer, et pour leur sûreté en tems de guerre, il s'etablisse, du consentement de tous les Souverains de l'Europe, un Code Maritime général qui fût également obligatoire, et pour les belligérans et pour les neutres *). Il y a de l'espérance de voir ces voeux réalisés, après que l'Impératrice de Russie, dans sa déclaration faite aux Puissances qu'elle a invité à l'accession à la neutralité armée, proposée par elle, y a donné, entre autres, à connoître, „que par les soins communs de toutes

*) *Voyez* l'Essai sur la Liberté de la Navigation et du Commerce des Nations neutres pendant la guerre. p. 241, 242.

„les Puiſſances maritimes neutres, on pour-„roit établir et légaliſer, en faveur de la „navigation commerçante des nations neu-„tres, un ſyſtême naturel et fondé ſur la „juſtice, qui par ſon avantage réel ſerviroit „de régle aux ſiécles à venir *)". Cette declaration m'a déterminé de pourſuivre l'idée d'un Code Maritime Européen, de la rendre plus claire, et de lui donner en même tems, autant que je pourrai, une forme convenable.

*) Magazin polit. et hiſt 1780. Tom. II. p. 11.

I.

Trois objets entreront dans le plan d'un Code Maritime général, et en feront la matière principale : I°. La restriction des prétentions et usurpations des Belligérans trop étenduës ; II°. Une exacte détermination des droits, qui, après cette restriction, leur resteront, et III°. Le rétablissement et la conservation des droits incontestables des nations neutres, trop souvent violés dans la guerre. Ce sont les points de vuë sous lesquels tout ce qui sera à dire sur l'affaire, pourra être compris.

II.

Parmi les usurpations notoirement injustes des Belligerans sur les Neutres, la plus outrageante, est la saisie et la confiscation des effets ennemis chargés à bord neutre. Ce droit prétendu n'est, si l'on recherche son origine, qu'un reste de la barbarie des anciens siècles, où les hommes n'avoient point de notion de ce qui est juste et injuste, et où la force seule décidoit de la possession et de la propriété. C'est de là, que la terre et la mer étoient pleines de brigands. Les premiers habitans de la Gréce vivans encore dans leur état sauvage, exerçoient sans scrupule la piraterie, et bien loin d'en avoir honte, ils la regardoient plûtôt comme un métier glorieux *). Les Ciliciens infestoient toute la Méditérranée et les Provinces Romaines y situées, ce qui mit ces maîtres du monde dans la nécessité d'équiper plusieurs flottes nombreuses, pour exterminer les pirates et en purger la mer **). Dans le moyen âge les Saxons, et après eux, les Normans, animés non seulement par l'avidité du butin, mais aussi par l'esprit de leur religion, obsédèrent les mers et les fleuves, firent des descentes sur les côtes, pillèrent et ravagèrent tous les païs où ils pouvoient pénétrer. Cette coûtume de butiner que les peuples avoient héritée de leurs ancêtres païens, s'est longtems conservée, même après la propagation du christianisme en Europe, et la violence des pirates troublant sans cesse la navigation et le commerce, a été le premier motif qui portoit les Souverains et les Etats Européens à faire entre eux des traités de marine et de commerce. Car dans les plus anciens de ceux-ci, il y avoit cette condition princi-

*) Thucidid. de Bello Peloponn. L. I. C. 5.
**) Florus. Lib. III. C. 6.

pale, „que les ſujets des deux parties ne ſe „feroient les uns aux autres point de dom„mage en leurs perſonnes, navires et mar„chandiſes *)". Ces traités donnérent en effet un peu plus de ſûreté à la navigation et au commerce en tems de paix: mais auſſitôt qu'une guerre ſ'allumoit entre deux puiſſances maritimes, non ſeulement les ſujets des Belligérans, mais auſſi ceux des Neutres en reſſentirent les ſuites. Toutes les deux parties qui ſe faiſoient la guerre, attaquoient les batimens neutres, ſous prétexte de faire perquiſition, ſi peut-être il y étoit chargé des effets ennemis, qu'elles croyoient pouvoir ſ'approprier juſtement; quoique ces procédés violens et arbitraires ne fuſſent point du toût autoriſés du droit de la Nature et des Gens Univerſel, les effets ennemis ſe trouvant dans un lieu neutre et en pleine mer, où les Belligérans ne peuvent éxercer des violences, que l'un contre l'autre **).

III.

Mais dans ces ſiècles ignorans et ténébreux, le nom même du Droit des Gens

*) *Voyez* la liberté de la Navigation et du Commerce. p. 70 — 72.

(** La même. p. 43 — 44.

étoit inconnu. Les Souverains et Peuples neutres, n'ayant donc aucune connoiſſance de leurs droits, ils ne ſongeoient pas à les défendre. Ainſi la ſaiſie des effets ennemis chargés ſur des batimens neutres, étoit regardée comme un droit inconteſtable des Belligérans, et reconnu déja dans l'onzième ſiècle, comme une coutume univerſelle; ce qui eſt atteſté par le livre connu ſous le titre du *Conſolato del Mare* *). Et lorsque quelque tems après les Princes de l'Europe commencèrent à faire des traités de commerce, ils y adoptèrent le principe, „que des marchandiſes apartenantes „à l'ennemi ou à des ſujets ennemis, et „trouvées à bord ami ſeroient confiſquées." Cette régle établie d'un conſentement commun, étoit donc regardée comme le Droit des Gens Européen dans ces ſortes d'affaires **).

IV.

C'eſt de là que les Commandans des vaiſſeaux des Puiſſances belligérantes et leurs Armateurs avoient les mains libres pour ar-

*) Il Conſolato del Mare. Cap. 273. *Voyez auſſi* la liberté de la Navigation et du Commerce. p. 90. 91.

**) *Voyez* la Liberté de la Navigation et du commerce. p. 92, 93, 118, 119.

rêter tous les batimens marchands neutres, et les visiter sous prétexte des effets ennemis y chargés. Cette visite donna occasion à une infinité d'excès et de violences par lesquelles les Neutres ne soufroient pas moins des Belligérans, que ceux-ci l'un de l'autre. Les Etats Généraux des Provinces Unies des Païs-Bas, ont été les premiers qui ont débarassé leur navigation commerçante de cette incommodité. Ils firent en 1646 un traité avec la Couronne de France, par lequel l'ancien usage de saisir les effets ennemis dans des batimens neutres, fut aboli, et y en substitué un nouveau, selon lequel un batiment neutre étant libre, rend les marchandises y chargées libres, et a l'encontre un vaisseau ennemi étant confiscable, assujettit aussi à la confiscation les effets trouvés à son bord, bien qu'ils fussent ou entièrement ou en partie, propriété neutre *). C'est sur ce pié que toutes les Puissances maritimes de l'Europe, ont dépuis conclu, non seulement entre elles, mais aussi avec les Etats piratiques de l'Afrique, des traités de commerce, à l'exception de ceux que l'Angleterre a fait en 1661 avec la Suéde, et en 1669 avec le Danemarc,

*) *Voyez* La Liberté de la Navigat. etc. p. 96, 97.

où l'ancienne régle qui déclare les effets ennemis à bord neutre confiſcables, eſt retenuë *). Il faut donc de toute néceſſité, qu'un ſi grand nombre de traités concordans faſſe la régle, et que le très petit nombre de ceux qui en différent, n'en ſoit que l'exception **).

V.

L'effet de ce changement fut la ceſſation de la recherche des effets ennemis dans des batimens neutres; et comme ci-devant l'ancienne coûtume étoit le Droit des Gens pour les Belligérans et pour les Neutres, la nouvelle l'eſt à préſent pour les uns et pour les autres. Mais les Belligérans ne veulent reconnoître la validité de ce principe, qu'à l'égard de ces Souverains et Etats avec lesquels ils ont fait des traités de commerce ſur ce pié; et ils ſe croient en droit de traiter les autres avec lesquels ils ne ſont pas liés par des traités, ſelon l'ancien uſage, ce qu'ils appellent le Droit des Gens, quoique très injuſtement. Car le Droit des Gens Européen étant fondé ſur le conſentement des Nations, ou de la plûpart d'icelles ***),

*) *Voyez* La Liberté de la Navigation etc. p. 97 — 101, 119, 120.

**) La-même. p. 121.

***) La-même. p. 7, 8, 14.

la nouvelle coûtume ayant été dépuis plus de cent ans reçûe dans tous les traités de commerce, doit être nécessairement la règle, et les deux traités susdits de 1661 et 1669, où l'ancien usage est conservé, ne sauroient être qu'une exception, et par conséquent seulement obligatoires, pour ceux qui les ont conclus, parcequ'ils ne font qu'un très-petit nombre contre un très-grand *).

VI.

Dans la guerre de la succession d'Autriche, qui étoit en même tems une guerre entre la France et la Grande-Bretagne, beaucoup de bâtimens marchands Prussiens, étant pris par les Armateurs Anglois, et emmenés aux ports d'Angleterre, le Roi de Prusse insista sur le dédomagement de ses Sujets. La question principale de cette controverse étoit: Si l'ancienne règle qui déclare *les effets ennemis trouvés à bord neutre confiscables*, étoit ici applicable, ou plûtôt la nouvelle, qui revient à ce que *les bâtimens neutres, étant libres, rendent aussi les effets y chargés libres?* Ce dernier principe fut soutenu par la Cour de Prusse, et le premier par celle de la Grande-Bretagne,

*) *Voyez* la Liberté de la Navigat. etc. p. 120, 121.

qui en conséquence avoit fait saisir les effets des Sujets François trouvés dans les vaisseaux Prussiens. Elle refusa nettement la satisfaction et le dédomagement que le Roi de Prusse en demandoit. Elle allégua qu'entre les deux Couronnes, il n'éxistoit point de traité de commerce, en vertu duquel des marchandises qui étoient propriéte Françoise, devoient être libres dans des batimens Prussiens, comme neutres, et que par conséquent ces effets ennemis, parce qu'on les avoit trouvés à bord neutre, étoient justement condamnés. C'étoit, disoit-on en Angleterre, le Droit des Gens. Mais bien que ce principe fût ci-devant adopté dans le Droit des Gens de l'Europe, il étoit, il y a longtems aboli par une autre règle, établie dans tous les nouveaux traités de commerce, suivant lesquels, *le vaisseau libre rend les marchandises libres*. Par là le Droit des Gens a été tout à fait changé dans ce point, et ce qui étoit, il y a un siècle, très-juste, ne l'est plus à présent. La demande des Prussiens ne pouvoit donc être éludée par l'allégation d'une loi du Droit de Gens abrogée depuis tant d'années et désavouée par tant de traités *).

*) *Voyez* la Liberté de la Navigation et du Com-

VII.

La concordance de ces traités récemment faits dans le principe, que *le vaiſſeau libre rend les marchandiſes libres*, ſert de preuve que les Nations Européennes ont abandonné la règle ancienne, ſuivant laquelle, *des effets ennemis trouvés à bord neutre étoient confiſcables* *). Et c'eſt dans ce point de vuë que la Cour de Ruſſie a regardé l'affaire. Car après avoir pris la réſolution de protéger à main armée la navigation commerçante de ſes ſujets, ſouvent troublée dans la guerre préſente, elle fit notifier aux Puiſſances belligérantes, à la France, à l'Eſpagne et à la Grande-Bretagne les principes, qu'elle ſe propoſoit d'obſerver, et dont elle demandoit auſſi l'obſervation aux Belligérans. Les voilà!

I. *Les vaiſſeaux neutres peuvent naviguer librement de port en port, et ſur les côtes des Nations en guerre.*

II. *Les effets appartenans aux Sujets des dites Puiſſances en guerre ſont libres ſur des vaiſſeaux neutres* **) *à l'exception des marchandiſes de contrebande.*

merce des Nations neutres p. 179 — 198, où tout cela eſt plus amplement détaillé.

*) La-même p. 121.

**) Les traités de commerce conclus en 1734 et

III. *L'Impératrice se tiendra, quant à la determination de celle-ci à ce qui est annoncé dans les articles 10 et 11 de son traité de commerce avec la Grande Bretagne, en étendant ses obligations à toutes les Puissances en guerre.*

IV. *Pour déterminer ce qui charactérise un port bloqué, on n'accordera cette dénomination qu'à celui où il y a, par la disposition de la Puissance qui l'attaque, avec des vaisseaux arrêtés et suffisemment proches, un danger évident d'entrer.*

V. *Ces principes serviront de régle dans les procédures et jugemens sur la légalité des prises* *).

VIII.

A la vérité le second article de cette déclaration ne pouvoit pas si absolument plaire aux Puissances belligérantes, parcequ'il

1766 entre la Russie et la Grande-Bretagne fond douter, si, pour ce qui regarde les effets ennemis, l'ancienne régle ou la nouvelle y est adoptée. (*Voyez* l'Essai sur la Liberté de la Navigation et du Commerce des Nations neutres p. 105, 106, où ce doute est remarqué.) Ici l'Impératrice a expressément déclaré, qu'elle entend la nouvelle régle. Et la Cour Britannique n'y ayant contredit dans sa réponse, on peut prendre l'affaire comme décidée.

*) Magazin polit. et hist. 1780. Tom. II. p. 13.

portoit que des effets appartenans à des Sujets ennemis devoient être libres dans des vaisseaux neutres, ce que dans la guerre présente, ni les François, ni les Espagnols, ni les Anglois n'avoient jusqu'ici observé envers les neutres, avec lesquels ils n'étoient pas liés par des traités de commerce.

IX.

Néanmoins le Roi de France applaudit fortement aux principes établis dans la déclaration de la Cour de Russie. Il dit dans sa réponse; „que la liberté des batimens „neutres restreinte dans un petit nombre de „cas seulement, est une conséquence directe „du Droit Naturel, la Sauvegarde des Na„tions, le soulagement même de celles que „le fléau de la guerre afflige; qu'aussi il a „désiré de procurer non seulement aux Su„jets de l'Impératrice de Russie, mais à „ceux de tous les Etats qui ont embrassé la „neutralité, la liberté de naviguer aux mê„mes conditions qui sont énoncées dans sa „déclaration *)". Par cette réponse, la Cour de France sembloit révoquer en quelque manière son Ordonnance publiée au commencement de la guerre, où il y a quel-

*) *Voyez* la Liberté de la Navigation etc. p. 20.

ques articles très-rigoureux et très-désavantageux aux neutres *).

X.

La reponse du Roi d'Espagne étoit à peu près de la même teneur: mais il y avoit cette addition remarquable; „que c'étoit „uniquement par la conduite que la marine „Angloise avoit établie tant dans la dernière „que dans la présente guerre, que S. M. „s'étoit vuë dans la nécessité de l'imiter, „puisque les Anglois ne respectant point le „pavillon neutre, lorsqu'il avoit à bord des „effets ennemis — — et ce pavillon ne se „défendant point contre ces violences, l'on „ne pouvoit empêcher avec justice, que „l'Espagne n'usât de représailles égales, „pour se garantir du préjudice énorme qui „résulteroit d'une inégalité à cet égard **).“ Il paroît par-là que la Cour d'Espagne vouloit justifier la saisie des effets ennemis dans des batimens neutres par l'éxemple des Anglois, en rejettant la faute sur ceux-ci.

XI.

Le Roi de la Grande-Bretagne répondit: „qu'il conformoit sa conduite envers „les neutres aux principes les plus clairs et

*) *Voyez* la Liberté de la Navigation etc. p. 207.
**) Magazin polit. et hist. 1780. Tom. II. p. 57. 58.

„le plus généralement reconnus du Droit „des Gens, et à la teneur des traités, et „qu'en cas de contravention, les Tribunaux „d'Amirauté redresseroient le tort d'une ma„nière si équitable que S. M. I. seroit entiè„rement satisfaite de leurs décisions *)".

XII.

Les Rois de Danemare et de Suéde ayant aussi fait armer un nombre considérable de vaisseaux de guerre pour la protection de leur navigation commerçante, l'Impératrice de Russie conclut avec eux une alliance, dépuis appellée, la *Neutralité armée*. Les deux Rois firent ensuite pareillement remettre leurs déclarations aux trois Puissances belligérantes, y donnant à connoître que les principes rélatifs à la navigation libre des neutres adoptés par l'Imperatrice de Russie étoient aussi les leurs **). Les réponses des Rois de France et d'Espagne etoient dans l'essentiel les mêmes qu'ils avoient données à la Cour de Russie.

XIII.

Le Roi de la Grande-Bretagne s'en rapportoit dans sa réponse à celui de Suéde, au traité de 1661, où des effets ennemis

*) *Voyez* la Liberté de la Navigation etc. p. 18. 19.
**) La-même p. 253 — 257.

trouvés dans un navire neutre, doivent être regardés comme de bonne prise *). Sur la déclaration Danoise on allégua dans un ordre donné à la Haute Cour d'Amirauté d'Angleterre, un traité de commerce conclu en 1670 entre l'Angleterre et le Danemarc, et une nouvelle convention faite depuis peu en 1750 entre eux, dans laquelle, outre les munitions de guerre, aussi tout bois de construction pour les vaisseaux et généralement tout ce qui peut servir à leur équipement, est déclaré contrebande **).

XIV.

A cette alliance des trois Cours du Nord, la Couronne de Portugal et les Etats Généraux des Provinces Unies ont aussi été invités, et ceux-ci, après de longues délibérations, y sont accédés, mais trop tard, pour en avoir pu ressentir les effets, par ce qu'avant d'y être reçus, la Grande-Bretagne leur avoit déja déclaré la guerre. Cependant leur accession s'est faite avec un parfait agrément pour les principes adoptés par l'Impératrice de Russie et les deux Rois alliés. Il semble donc à présent, qu'après que tant de Puissances neutres, et même la plûpart

*) *Voyez* la Liberté de la Navig. etc. Tom. III. p. 241.
**) La-même p. 110, 111.

des belligérantes ont reconnu la validité du nouveau principe ſuivant lequel, *le vaiſſeau libre rend les marchandiſes libres*, la navigation commerçante des neutres ſera déſormais délivrée de beaucoup d'inconvéniens dont elle a été jusqu'ici embaraſſée par l'application de l'ancienne règle, qui déclare *les effets ennemis dans un batiment neutre confiſcables.*

XV.

Car en tems de guerre rien n'a tant incommodé le commerce maritime des Neutres, que l'ancien uſage de chercher dans leurs batimens des effets ennemis. Les corſaires, ordinairement portés à toutes ſortes d'excès, chez qui il n'y a qu'un pas à faire de la courſe à la piraterie, aſſaillent, ſous prétexte de cargaiſon ennemie, tous les batimens marchands, ſans regarder où ils vont et d'ou ils viennent, et ſans diſtinguer ſ'ils ſont deſtinés pour des ports neutres ou ennemis. Très ſouvent les Armateurs ne trouvant rien de ce qu'ils cherchent, fouillent dans toute la cargaiſon, en enlévent ce qui leur convient, et maltraitent le maitre du navire et l'équipage. Dans la dernière guerre Françoiſe et Angloiſe les batimens marchands Hollandois en ont eu la triſte expérience de la part des Armateurs Anglois qui, dans les deux années 1757 et 1758 ſeulement, ont pillé jusqu'à une centaine de leurs navires, et éxercé dans quelques uns les plus énormes violences *). Mais ces excès des corſaires à part, c'eſt toûjours une très-grande incommodité pour les batimens neutres de ſe voir arrêtés dans leur cours, emmenés dans un port d'une partie belligérante, et y engagés dans des procès très-diſpendieux, prolongés ſouvent à pluſieurs mois et même à des années entières, pendant lesquels les batimens et les effets y chargés dépériſſent. On voit ſouvent un très grand nombre de ces vaiſſeaux neutres dans les ports de l'une ou de l'autre Puiſſance belligérante, qui ſont forcés d'y attendre leur deſtin des déciſions des Cours d'Amirauté **).

XVI.

C'eſt là que la toute-puiſſante chicane a établi ſon throne. Car dans ces tribunaux

*) *Voyez* les Conſidérations impartiales ſur la préſente guerre entre la Grande-Bretagne et les Provinces Unies.

**) Dans la dernière guerre quelque fois jusqu'à 200 batimens neutres, ont été détenus dans les ports Anglois.

il n'y a point de procédure telle que le Droit naturel et universel ou des loix équitables la préscrivent, mais une tout à fait arbitraire et irrégulière, qui met les propriétaires de la cargaison et du batiment dans des difficultés insolubles. Dans un vaisseau il se trouve quelque-fois des effets de vingt et plus de propriétaires. Le tribunal éxamine, si parmi ces différens effets il y en a peut-être quelques uns qui appartiennent à des Sujets ennemis, ou qu'ils ont donnés en commission, ou dont ils se sont chargés du risque. Car tous ces effets, selon la jurisprudence de ces Cours de justice, sont confiscables. Si le Capitaine ou maître du batiment les a annoncés comme neutres, il le doit prouver. Quelle étrange et injuste procédure, de charger les propriétaires de la cargaison ou le Capitaine de la preuve de leur propriété! Suivant les principes d'une jurisprudence raisonnable, les marchandises sont par la présomtion légale censées la propriété du possesseur, et l'armateur qui soutient le contraire, et qui a dénoncé les marchandises en question, comme propriété ennemie, est obligé de prouver son assertion. Au lieu de cela, on demande au Capitaine la preuve, qu'il doit faire par les papiers qu'on trouve à son bord, et en tout cas, par son serment, ou par celui du plus proche après lui dans le commandement. On peut ici aisément s'imaginer l'embarras du Capitaine. Il doit rendre compte d'une infinité de marchandises qui diffèrent l'une de l'autre, et qui ont des propriétaires différens, ou affirmer par serment que les effets dans son batiment ne sont pas propriété des Sujets ennemis, ou que ceux-ci ne l'ont pas donné en commission ou ne se sont pas chargés du risque. S'il ne peut pas satisfaire à tout cela, ou qu'il le refuse, et si le tribunal ne juge pas les papiers trouvés à bord suffisans pour la preuve, de sorte que d'autres documens doivent être fournis, la conséquence en est, qu'en cas du relachement du vaisseau, les propriétaires sont condamnés aux fraix judiciaires, et quelque fois aux dépens que le corsaire prétend avoir fait en le saisissant, quoique contre tout droit. Telle est la procédure en Angleterre; elle est encore pire en France. Selon l'ordonnance y publiée au commencement de la présente guerre, les seuls papiers trouvés à bord d'un batiment pris, doivent être reçus comme preuves, et ceux qu'on pourroit apporter ensuite, n'avoir aucune foi *).

XVII.

Il est évident que ces réglemens sont tout à fait arbitraires; et néanmoins les Belligérans les veulent qualifier de Constitutions du Droit des Gens. Vraisemblablement ils entendent par-là celui de l'Europe, mais dans ce sens ce terme ne peut pas être pris; le Droit des Gens Européen étant fondé sur le consentement des Nations, sans lequel on ne peut absolument s'en former une idée. Si donc les Puissances neutres doivent reconnoître la validité des décisions des Cours d'Amirauté, il faut qu'elles soient d'accord avec les parties belligérantes, sur les principes suivant lesquels il y doit être procedé; parcequ'autrement il faudroit soutenir qu'un Etat a le droit de prescrire à sa fantaisie des loix à un autre; ce qui est une incongruité manifeste.

XVIII.

Le commerce des Nations neutres court donc grand risque d'être entièrement ruiné, tant que subsiste le droit des belligérans de saisir et confisquer les effets ennemis chargés sur un batiment neutre. Car c'est sous

*) *Voyez* la Liberté de la Navigation etc. p. [illegible]

ce prétexte que les corsaires emmenent les batimens marchands qu'ils ont pris, dans les ports de leur Souverain, pour une discussion judiciaire. Et si après un très long délai, et après le tems et l'occasion d'une vente avantageuse perdus, la cargaison est trouvée innocente, et le corsaire condamné aux dépens et dommages, ce qui pourtant, pour le favoriser, ne se fait que très-rarement, l'éxécution de la sentence rencontre de grandes difficultés. Dans ce cas le corsaire interjette l'appel qui grossiroit les dépens des propriétaires et prolongeroit le procès jusqu'à l'infini. Par cet artifice il tâche de les forcer à une composition *). Afin de sortir, une bonne fois, d'affaire, ils se voient souvent obligés d'y porter la main: ce qui réduit alors les dépens et le dédommagement à eux adjugés à une pure bagatelle ou à rien.

XIX.

Le commerce des Neutres étant ainsi par la Saisie de leurs batimens extrêmement troublé et embarassé, ils ne sont aucune-

*) Observation du Droit de la Nature et des Gens; touchant la capture et la détention des vaisseaux et effets neutres, en tems de guerre, par FRED. BEHMER, p. 88, 89.

ment obligés de le souffrir; et la justice demande plûtôt que l'ancien usage selon lequel les effets ennemis dans des batimens neutres sont réputés de bonne prise, soit aboli, et le nouveau principe en vertu duquel, un batiment neutre étant libre, rend aussi sa cargaison libre, partoût adopté; et cela d'autant plus, que suivant le nouveau Droit des Gens introduit en Europe, c'est une affaire decidée *). Il est hors de controverse que la nouvelle régle débarasse les propriétaires des batimens et des marchandises de beaucoup d'incommodités, et leur donne de grands avantages sur ceux qui sont traités selon l'ancienne coûtume. Ceux-ci ont donc un droit parfait d'éxiger, qu'ils soient égalisés à ceux-là, n'y ayant aucune raison valable pourquoi ils devroient être de pire condition que d'autres leurs semblables **).

XX.

Avec ce qu'on a avancé ici, s'accordent parfaitement les principes, que l'Impératrice de Russie et ensuite les Rois de Danemarc et de Suéde ont fait notifier aux Puis-

*) *Voyez* ci-dessus, n. V.

**) *Voyez* la Liberté de la Navigation etc. p. 240, 241.

ſances belligérantes. Les Cours de France et d'Eſpagne, comme on a déja remarqué ci-deſſus *), y ont acquieſcé, hors que celle d'Eſpagne fit entendre que, puiſque les Anglois ne reſpectoient pas le pavillon neutre, lorsqu'il avoit à bord des effets ennemis, elle, pour ſe garantir du préjudice reſultant de cette inégalité, les imitoit; et vraiſemblablement la France, quoiqu'elle n'en ait rien dit, ſe ſera réſervé le même. L'éxemple de l'Angleterre eſt donc allégué, comme la raiſon pourquoi on ne veut pas permettre aux batimens neutres de charger des effets ennemis; et il eſt vrai que cette Couronne ne le permet pas. Cela paroit par ſa réponſe à la déclaration Suédoiſe, où elle alléguoit le traité fait avec la Suéde en 1661, ſuivant lequel les effets ennemis trouvés à bord neutre doivent être regardés comme de bonne priſe. Non obſtant cela, il ſemble que la Suéde pourroit bien ſe diſpenſer de l'obligation de ce traité, tant par la raiſon univerſelle alléguée ci-deſſus **), que parceque le traité eſt déja fait il y a 120 ans, où la nouvelle règle: *Le vaiſſeau libre rend la cargaiſon libre,*

*) n. IX — XIII.
**) n. XIX.

n'étoit pas encore universellement recuë en Europe. Dépuis ce tems-là, la face des affaires a entiérement changé. Tous les traités de commerce des Princes et Etats Chrétiens de l'Europe, et même ceux qu'ils ont faits avec les Etats barbaresques de l'Afrique, ont été conclus conformement à la nouvelle règle. Les Suédois ont donc suffisamment des motifs et des raisons pour révoquer cet ancien traité qui leur est si désavantageux. L'Angleterre leur en a donné elle-même l'éxemple, en suspendant de son seul chef les traités faits ci-devant avec les Provinces Unies.

XXI.

Hors du droit que les Puissances maritimes en guerre, s'attribuent de saisir et de confisquer les effets ennemis trouvés à bord neutre, ils sont dans la possession d'un autre non moins important, qui est celui de défendre aux marchands neutres le transport et la vente d'armes et de toutes les munitions de guerre à l'ennemi. Ce droit tire son origine des Papes, qui au tems des Croisades, interdirent, sous des peines très-rigoureuses tant ecclésiastiques que civiles, à tous les Chrétiens de porter aux infidéles ni armes, ni fer, ni bois pour la construction des galères. Dans le quinziéme siècle, ils renouvellèrent cet interdit en faveur des Portugais, lorsque ceux-ci ayant découvert la Guinée, subjuguèrent ce païs et d'autres, à titre de donation Papale. L'Evêque de Rome étant dans ces siècles ténébreux et ignorans, regardé comme Souverain spirituel de la Chrétienté, tous les Princes et peuples Chrétiens se soumirent à ses loix, d'autant plus qu'on croïoit généralement qu'elles tendoient au bien de l'église et de la religion, et que tant en qualité de Chef des Chrétiens, qu'en celle de Vicaire de Dieu sur la terre, il avoit un droit parfait et incontestable de faire ces sortes de Constitutions *). C'est de là que les Puissances belligérantes prirent l'occasion d'étendre leurs droits prétendus qu'ils éxerçoient déja contre les batimens neutres, à cause d'effets ennemis, sur les munitions de guerre y chargées, et destinées, pour des païs ennemis. L'erreur et l'ignorance du Droit Public et des Gens, furent cause, que les Etats et les Nations neutres méconnurent leurs droits et soufrirent tant d'usurpations sur leur souveraineté. A tout cela se joigni-

*) *Voyez* la Liberté de la Navigation et du commerce etc. p. 67. 68.

rent les opinions des ſavans, qui, préoccupés des préjugés du tems, étendirent le droit de la guerre jusqu'à l'infini, et même ſur ceux qui n'y avoient point de part. De cette manière il ſe fit, que le tranſport du canon, des armes et de tout ce qui eſt compris ſous la dénomination des munitions de guerre, aux païs et ports ennemis, fut défendu aux neutres. On mit dans les traités de commerce de très éxactes déſignations de ces ſortes de marchandiſes défenduës, qui pour cela reçurent le nom de *Contrebande* *). C'eſt ce qui donna l'éxiſtence à

*) *Voyez* la Liberté de la Navigation etc. p. 75—88. Je mettrai ici trois de ces déſignations, tirées de quelques traités de commerce les plus récens.

Dans celui que l'Empereur Charles VI. a conclu en 1725 avec Philippe V. Roi d'Eſpagne, il y eſt dit: Ad tollendas contentiones, quae ſuper vocabulo mercium interdictarum, vulgo Contrebande, naſci poſſent, e re viſum fuit declarare, iſthac ſub appellatione comprehendi omnis generis rerum ſpecies, tum fabrefactas, tum non elaboratas ad rem bellicam ſeruientes, prout ſunt arma quaecunque tam offenſiua quam defenſiua, in ſpecie vero Tormenta bellica, Mortaria igniuoma, vulgo Mortiers dicta, Falcones quoque et Bombardae eiaculandis ignibus adaptatae, Pyloclaſtra, Botuli ſulphurei, vulgo Saucilles, Glandes igniariae et manuariae, vulgo Grenades, Globi vel Pilae, Globuli, item Fiſtulae, Sclopeta item et Sclopi manuarii ſeu Piſtolets, Gladii inſuper Pugiones, Galeae, Loricae et Baltei, Puluis pyrius, Sal nitroſum, Aſſeres et

une coûtume générale à laquelle auſſi les Nations neutres qui n'étoient pas liées avec les Puiſſances en guerre par des traités furent obligées de ſe ſoumettre, et cette coûtume fut regardée en Europe comme le Droit des Gens, dans ces ſortes d'affaires.

XXII.

C'eſt avec la dernière rigueur, que les parties belligérantes ont toujours éxercé leur droit acquis dans ce point; bien qu'à l'égard de toutes les deux, il ne ſoit aucunement ou très-peu important. Le dommage qu'il eſt en leur pouvoir de ſe faire par-là réciproquement, n'eſt point du toût conſidé-

Ligna nauibus exſtruendis vel reparandis deſtinata, Vela, Pix nautica et Fomes, quae omnia confiſcationi obnoxia ſunt, eo tamen duntaxat caſu, quando in ſubſidium hoſtium aut ad portum inimicum deſtinata eſſe deprehenderentur. *Vid.* Tr. Art. VII. in SCHMAUSSII Corp. Jur. Gent. Academ. p. 2002.

Le Traité de commerce du Roi des deux Siciles et des Etats Généraux des Provinces-Unies du 27 Août 1752, déclare marchandiſes de contrebande, toutes ſortes d'armes et aſſortimens d'icelles, comme Canons, Mousquets, Mortiers, Petards, Bombes, Grenades, Sauciſſes, Cercles poiſſés, Affuts, Fourchettes, Bandoulières, Poudres, Méches, Salpètre, Balles, Piques, Epées, Morions, Casques, Cuiraſſes, Hallebardes, Javelines, Chevaux, Selles de Chevaux, Fourreaux de Piſtolets, Baudriers et autres aſſortimens ſervans à l'uſage de la guerre. Art. XXI. du Tr. dans le Merc. hiſt. et polit. 1753. Sept. p. 257.

rable. Il eſt impoſſible à l'une des parties de garder ſi étroitement les côtes de l'autre, qu'il n'y pût entrer nombre de vaiſſeaux. Et même ſi quelque batiment chargé de ces marchandiſes de contrebande eſt intercepté par les vaiſſeaux de guerre d'une partie, la perte vient ordinairement au compte des marchands qui ſe ſont chargés de les fournir. La ſaiſie et la confiſcation des munitions de guerre, eſt donc en effet plûtôt une véxation des neutres, qu'un avantage des belligérans. Et c'eſt de coté que les Couronnes d'Eſpagne et de Portugal ont ci-devant regardé l'affaire. Car celle-ci

Dans le Traité de commerce fait en 1766, 20 Juin entre la Ruſſie et la Grande-Bretagne, les marchandiſes de contrebande ſont, Canons, Mortiers, Mouſquets, Piſtolets, Bombes, Grénades, Boulets, Balles, Fuſées, Pierres à feu, Mêches, Poudre, Salpêtre, Souſre, Cuiraſſes, Piques, Epées, Ceinturons, Gibernes, Selles et Brides, au delà de la quantité qui peut être néceſſaire pour l'uſage du vaiſſeau, ou pour celui de chaque homme ſervant à bord du vaiſſeau, ou y étant comme paſſager, ſeront regardés comme munitions de guerre ou fournitures militaires, et ce qui en ſera trouvé à bord ſera confiſqué comme marchandiſes de contrebande et effets prohibés: mais même dans ce cas ni les vaiſſeaux, ni les paſſagers, ni les autres effets trouvés en même tems, ne ſeront ni détenus, ni retardés dans la pourſuite de leur voyage. Art. XI. du Tr. *dans les* loiſirs du Chev. D'EON DE BEAUMONT Tom. V. p. 343.

dans ſes traités de commerce avec l'Angleterre et les Provinces-Unies, et celle-là dans ſa convention avec les villes Hanſéatiques ont abſolument permis le tranſport des munitions de guerre à l'ennemi, avec la ſeule reſtriction, qu'elles ne fuſſent pas tirées des païs d'Eſpagne et de Portugal ni en portées aux païs ennemis *). Si toutes les Puiſſances belligérantes penſoient de la même manière, le commerce libre de munitions de guerre, pourroit leur devenir plûtôt utile que nuiſible. L'une et l'autre partie en ayant beſoin, toutes les deux pourroient ſ'en pourvoir à leur aiſe, et les négocians les leur vendre à meilleur marché parcequ'ils n'y auroient rien à risquer **). Mais il ſemble que les Belligérans comptent pour plus grand avantage de troubler la navigation des Nations neutres que de permettre un trafiq qui ſeroit très-utile et commode à eux-mêmes. Il n'y a donc pas à eſpérer qu'ils renonceront à un droit, dont ils ſont en poſſeſſion depuis plus d'un ſiècle. Cependant ce ne ſeroit que juſtice, d'autant que le Droit des Gens naturel et univerſel, déclare le commerce de ces ſor-

*) La Liberté de la Navigation etc. p. 76, 77.
**) La-même p. 236, 237.

tes de marchandises absolument permis et libre *).

XXIII.

C'est un usage des Puissances maritimes belligérantes, de publier, au commencement de la guerre, des Ordonnances ou Notifications où elles prétendent prescrire aux Nations neutres les conditions sous lesquelles ils veulent bien permettre le commerce avec la partie adverse. Ordinairement ils y prohibent quelques marchandises, avec la clause comminatoire, qu'en cas de contravention, elles seroient déclarées de bonne prise et confisquées. Cela est autant que de vouloir donner des loix à des Sujets étrangers, et ce qui plus est, les punir pour les avoir transgressées. Mais selon les décisions du Droit Public et des Gens Universel, c'est une usurpation manifeste sur les droits d'un tiers, les Souverains des Peuples trafiquans étant les seuls qui ont le pouvoir de leur donner des loix **). Cependant le Droit des Gens de l'Europe a en quelque sorte autorisé ces Notifications, mais seulement pour les marchandises réputées d'ordinaire de contrebande, c'est à dire, des

*) La Liberté de la Navigation etc. p. 32 — 34.
**) Là-même p. 39 — 41.

armes et munitions de guerre désignées dans tous les traités de commerce. Car en cela toute l'Europe est d'accord *). A l'égard de toutes les autres denrées et marchandises, les Belligérans ne sont aucunement en droit de préscrire de leur propre autorité des règles aux Negocians neutres, et de restreindre par-là la liberté de leur commerce.

XXIV.

Non obstant tout cela, les Puissances maritimes se sont arrogé ce droit dans leurs guerres, comme s'ils étoient les Souverains absolus de l'Océan. Ils ont quelque fois poussé leur prétention, jusqu'à interdire aux neutres le commerce et la navigation à certains ports, et même à des païs entiers, pensant présomptueusement que le droit de la guerre leur permettoit tout contre tous. Le Roi de Suéde Jean III. dans sa guerre contre la Russie (en 1570) defendit tout le commerce avec la ville de Narva, et son frère Charles IX, regnant après lui, ayant pris (en 1610) les armes contre la Pologne, menaça dans son ordonnance, ceux qui navigueroient à Riga (alors sous la domination de Pologne) et à Courlande, de la

*) La Liberté de la Navigation etc. p. 131.

perte de leurs vaiſſeaux et marchandiſes. Et bientôt après (en 1611), une nouvelle guerre ſ'allumant entre lui et Chriſtian IV. Roi de Danemarc, celui-ci interdit aux villes Hanſéatiques tout commerce avec la Suéde. Mais toutes ces prohibitions générales du commerce, n'ont pas été reconnuës. Les Puiſſances neutres n'y contredirent pas ſeulement, mais ſ'oppoſérent par des voyes de fait, à ces prétentions injuſtes *).

XXV.

Les habitans des Provinces Unies des Païs-Bas faiſant, au commencement de leur République, la guerre à l'Eſpagne, y firent néanmoins clandeſtinement, et avec connivence de la Cour d'Eſpagne, un commerce très-lucratif. Mais ce trafic ayant été interdit en 1598, les Etats des Provinces Unies, pour donner de l'occupation à leurs matelots déſoeuvrés, firent en 1599 un grand armement naval à fin d'attaquer l'Eſpagne même, et ſes poſſeſſions de dehors. C'eſt pourquoi ils défendirent à toutes les autres Nations le commerce d'Eſpagne, les menaçant que ne ſ'en deſiſtant, elles, comme amis de l'ennemi, ſeroient

*) La Liberté de la Navigation etc. p. 153—155.

traitées en ennemi. Henri IV. Roi de France eut la complaisance de faire signifier à ses sujets de suspendre leur commerce avec l'Espagne pendant six mois. Les autres Princes gardèrent là dessus le silence. Mais Christian IV. Roi de Danemarc, s'y opposa, refusant nettement d'ordonner à ses sujets l'observation de cet interdit de commerce *). Les mêmes Etats des Provinces Unies ayant en 1625 conclu un traité d'alliance avec Charles I. Roi d'Angleterre, on y mit, entre autres, cet article, „que le Roi feroit instance envers les autres „Rois, Princes, Etats, Villes et Commu„nités neutres de faire défendre à leurs Su„jets de trafiquer tant que la presente guerre „dureroit, avec les Royaumes et autres „possessions du Roi d'Espapne et de ses ad„hérans; et cela ne venant à s'obtenir de „leur gré, que les navires qui se trouve„roient à la mer, suspects de prendre leur „route vers l'Espagne, les Iles ou autres „Etats du Roi d'Espagne, seroient obligés „de s'arrêter pour être reconnus et visités." Mais les François faisant peu de cas de cet interdit, les Anglois prirent leurs batimens

*) *Voyez* la Liberté de la Navigation etc. p. 157, 158.

marchands; et en France on arrêta en revange les navires Anglois: ce qui fit naitre une guerre entre les deux Couronnes *).

XXVI.

Les Etats Généraux des Provinces Unies, ont pourtant reconnu dans la ſuite, l'injuſtice d'un tel interdit général de commerce. Ils firent, à la vérité, en 1689, un traité de confédération avec l'Angleterre, qui étoit de la même teneur que le précédant, et où les deux parties dans leur guerre contre la France, alors commençante, s'obligeoient de ne pas abſolument permettre que les ſujets des Princes neutres trafiquaſſent à ce Royaume. Ils menacèrent de faire prendre les batimens et les cargaiſons de tous ceux qui y contreviendroient, et de les déclarer de bonne priſe. Mais cet article étoit entré dans le traité contre le gré des Etats. Leurs Ambaſſadeurs y ayant longtems et ſérieuſement contredit, avoient été forcés de céder, puisque, le Roi d'alors, Guillaume III. étant en même tems Stadhouder de cinq des Provinces Unies, ils ſe trouvoient par-là dans une grande dépendance de l'Angleterre. A cet interdit très

*) *Voyez* la Liberté de la Navigation etc. p. 158 — 160.

injuste s'opposèrent les Rois de Suéde et de Danemarc. Ils s'allièrent pour la défense de leur libre commerce et de leurs droits de neutralité; ils résolurent d'user de représailles et de se faire par-là droit eux mêmes; ce qu'ils firent en effet. Ainsi cet interdit général de commerce produisit de grandes contestations entre l'Angleterre et les Provinces Uuies d'une part, et la Suede et le Danemarc, de l'autre, et elles durèrent autant que la guerre dura *).

XXVII.

C'a été le dernier éxemple d'un tel interdit de commerce general. Mais d'ailleurs on trouve, aussi bien ci-devant que ci-après, plusieurs cas où les Puissances belligérantes se sont émancipées à prohiber, selon leur convenance et plaisir, tantôt une sorte de marchandises, tantôt une autre. Elisabeth, Reine d'Angleterre, étant en guerre avec l'Espagne, mit le blé, le bois et autres matériaux servans à la construction et à l'équipement des vaisseaux au nombre des marchandises que les neutres ne devoient porter ni à l'Espagne ni au Portugal. (alors province Espagnole). Conforme-

*) *Voyez* la Liberté de la Navigation etc. p. 162 — 169.

ment à cet interdit, les Anglois dans leur expédition faite en 1589, à Lisbonne, saisirent soixante batimens Hanséatiques chargés de ces sortes d'effets, pour n'avoir pas obeï à l'interdit. Beaucoup de batimens Danois et autres eurent, par la même raison, le même sort. Mais ces violences furent vivement ressenties par les Souverains de ceux qui en avoient souffert. Ils représentèrent énergiquement à la Reine l'injustice de ce procédé et en demandèrent réparation *).

XXVIII.

Les Etats des Provinces Unies étant attaqués (en 1652) par l'Angleterre prièrent tous les Princes et Nations neutres, de ne point porter de munitions de guerre, ni de matériaux propres à l'équipement des vaisseaux, aux places qui étoient soumises au gouvernement d'Angleterre. Mais ils menacèrent en même tems ceux qui y contreviendroient, de la confiscation de toutes ces munitions de guerre et navales. Aussi ces menaces furent-elles réellement effectuées contre des batimens neutres. Parmi ceux-ci, il s'y trouva quelques navires Sué-

*) *Voyez* La Liberté de la Navigation etc. p. 141, et suiv.

dois. La Reine Christine réclamant les droits violés de ses sujets, demanda la révocation d'une ordonnance si rigoureuse; et cela restant sans effet, elle se détermina à user de représailles, et à s'allier plus étroitement avec l'Angleterre *). Tous ces faits prouvent suffisamment que les Puissances neutres ont constamment refusé de reconnoître ces réglemens arbitraires des Belligérans, et qu'elles n'ont jamais voulu se soumettre à leurs prohibitions de certaines sortes de marchandises.

XXIX.

Les munitions navales dont le transport à l'ennemi étoient défenduës par les Etats des Provinces Unies, ont cependant été la cause malheureuse de plusieurs grandes disputes, même de notre tems. Le Roi de Prusse se plaignit en 1752, parmi beaucoup d'autres griefs, de ce que les Anglois, dans la guerre de la succession d'Autriche, avoient pris plusieurs batimens de ses sujets, et en confisqué les cargaisons consistantes en bois pour la construction des vaisseaux, comme des effets de bonne prise. La Cour de Prusse déclara ce procédé très-injuste,

*) *Voyez* la Liberté de la Navigation etc. p. 160, 161.

celle de la Grande-Bretagne le réputa très-juste. C'est pourquoi dans l'ordonnance du Roi de la Grande-Bretagne, publiée au commencement de la présente guerre, non seulement armes et munitions de guerre, mais aussi bois et tous les autres matériaux propres à la construction des vaisseaux, furent déclarés de contrebande et assujettis à la confiscation, quand ils se trouveroient chargés sur des vaisseaux neutres destinés pour la France. On proceda bientôt à l'éxécution de cette ordonnance, et les Anglois saisirent même les batimens Hollandois portans de telles cargaisons à la France, quoique dans le traité de commerce fait en 1674, entre l'Angleterre et les Provinces Unies, elles y soient expressement et nommement rangées parmi les marchandises licites. Premièrement, les propriétaires en furent payés, mais, comme ils s'en plaignirent, à un prix arbitraire. La Cour Britannique ayant ensuite demandé aux Etats Généraux la suspension de cet article du traité pendant la guerre, et ceux-ci le refusant, on vint de la part d'Angleterre à la force ouverte. On ne saisit pas seulement les vaisseaux Hollandois chargés de munitions navales, mais on les déclara avec les cargaiſons de bonne priſe *). On n'épargna pas non plus les batimens marchands des autres peuples neutres, et de là il naquit des plaintes générales, ſur ces procédés violens et arbitraires.

XXX.

Afin de les juſtifier, les Anglois ſ'en raportent au Droit des Gens. Mais ſ'ils entendent par-là le Droit des Gens naturel et univerſel, la déciſion ne ſera point du tout favorable à leur cauſe, parce qu'il déclare parſaitement libre le commerce des Nations neutres auſſi bien en tems de guerre qu'en tems de paix **); et ſi ce doit être le Droit des Gens de l'Europe d'où ils prétendent juſtifier la ſaiſie et la confiſcation des munitions navales, celui-ci ne l'autoriſe pas non plus. Car ſelon ſes déciſions les armes ſeulement, et ce qu'on appelle munitions de guerre, ſont des marchandiſes de contrebande, puisque le tranſport à des pla-

*) Cette affaire, entre autres, a donné occaſion à la rupture entre l'Angleterre et les Provinces Unies; ce qui eſt détaillé plus amplement dans les *Conſidérations impartiales ſur la guerre entre la Grande-Bretagne et les Provinces Unies des Païs-Bas.*

**) *Voyez* la Liberté de la Navigation et du Commerce des Nations neutres, p. 31 — 33.

ces ennemies, en eſt défenduë aux Neutres dans tous les traités de commerce faits dépuis plus d'un ſiècle *). Mais le bois et autres matériaux ſervans à la conſtruction et à l'équipement des vaiſſeaux, c'eſt ce qu'on ne trouve prohibé que dans deux ou trois traités ſeulement. La prohibition ne pourra donc être obligatoire, que pour ces mêmes Puiſſances qui ont conclu des conventions ſur ce pié-là.

XXXI.

On dira peût-être que, les munitions de guerre étant défenduës, les munitions navales le ſont de même, parceque celles-ci ſont auſſi une eſpèce de munitions pour la guerre maritime. Mais ce raiſonnement tombe de lui-même, quand on conſidère le fondement ſur lequel la prohibition des munitions de guerre eſt établie. Ce fondement eſt le conſentement des Nations Européennes, ce qui paroît par la parfaite conformité des traités de commerce dans la prohibition des munitions de guerre qui y ſont très-éxactement ſpécifiées. Tout ce qui n'y eſt pas défendu, eſt donc abſolument libre. Car ſuivant les principes con-

*) *Voyez* la Liberté de la Navigation etc. p. 74, 79, 111.

nus de la jurisprudence, les traités ne souffrent pas une extension au delà des termes dans lesquels ils sont conçus, et leur interprétation y est nécessairement restreinte. Hors de cela, il y a encore une autre règle du droit non moins connuë, selon laquelle les conventions où se trouve d'un coté, tout l'avantage, et de l'autre, tout le désavantage, ne peuvent être étenduës plus loin, que sur ce dont on est expressement convenu. Les munitions de guerre spécifiées dans les traités de commerce, comprennent, ce qui est bien remarquable, pour la plûpart des appareils et instrumens qui ne sont employés que dans une guerre de terre. Bois pour la construction des vaisseaux et autres matériaux propres à leur équipement n'y sont donc pas compris, excepté le cas qu'on les trouve dans un traité expressément rangés parmi les marchandises prohibées; et même dans ce cas la prohibition ne s'étend que sur les parties contractantes. Toutes les autres Nations, soit qu'elles ayent fait des traités de commerce avec les Etats belligérans, ou non, n'y sont aucunement obligées. Le trafic de toutes sortes de munitions navales reste donc libre, parcequ'elles ne sont pas des marchandiſes généralement et tout à fait défenduës.

XXXII.

L'interdit du commerce de bois de conſtruction et d'autres matériaux propres à l'équipement des vaiſſeaux eſt extrêmement dur et une injuſtice manifeſte envers les païs et les peuples, qui produiſent et fabriquent ces marchandiſes en abondance et de la meilleure qualité. Ainſi, par éxemple, la Ruſſie fournit bois, chanvre, cordages, voiles; la Suéde vend cuivre, fer, ancres; la Norvége exporte mâts et autres bois, poix et goudron; ce qui tóut eſt auſſi tiré de quelques provinces Pruſſiennes. Ces païs ſont-ils obligés d'abandonner leur commerce conſidérable de ces marchandiſes, à cauſe d'une guerre qui ne les intéreſſe point du tout? Doivent-ils perdre le profit qu'ils pourroient en tirer, ſans aucune autre raiſon, que parcequ'il a plû à l'une ou à l'autre des parties belligérantes d'interdire le tranſport de ces marchandiſes aux places ennemies? Eſt il poſſible que les Puiſſances neutres permettent à celles qui ſont en guerre, un tel pouvoir, d'autant plus exorbitant, que celles-ci prétendent l'éxercer ſur des peuples étrangers, et point du tout ſoumis à leur domination.

XXXIII.

Des armes et munitions de guerre étant donc les ſeules marchandiſes que le Droit des Gens Européen déclare prohibées, les parties belligérantes n'ont pas le pouvoir d'interdire de leur propre autorité aux Neutres, le commerce d'aucune autre ſorte de denrées ou effets, ni celui de publier des loix et ordonnances rélatives à des objets, moyennant lesquels la liberté du commerce pourroit être bornée et troublée. Neanmoins cela ſ'eſt fait très ſouvent par les parties belligérantes. L'une imitoit l'autre, ſous prétexte que l'inégalité lui étoit préjudiciable; et enſuite elles appellèrent cela le Droit des Gens: comme ſi ce nom ſacré étoit ſuffiſant pour faire valoir leurs loix injuſtes, et pour impoſer de nouvelles obligations aux neutres et étrangers.

XXXIV.

De tems en tems les Puiſſances maritimes, quand elles etoient en guerre, ont fait des ordonnances très ruineuſes pour le commerce des neutres, et en aſſez grand nombre pour en faire une groſſe collection, qu'on pourroit nommer *le Code de l'Ini-*

quité. Une partie en feroit la procédure des tribunaux d'amirauté qui mettent en pratique des règles diamétralement contraires à tous les principes raifonnables et univerfellement reconnus de la jurisprudence*). Il y entreroit auffi quantité de réglemens faits, comme il femble, à deffein d'embaraffer la navigation des neutres, et d'enrichir les corfaires aux dépens des propriétaires des batimens et des marchandifes.

XXXV.

Un tel réglement étoit celui que la Cour de France a fait publier au commencement de la guerre qui f'alluma en 1744 entre elle et la Grande-Bretagne. Elle y déclaroit, „que tout vaiffeau de fabrique enne-„mie, ou qui auroit appartenu à un ennemi, „quoiqu'appartenant au tems de fa capture „aux Sujets d'une Nation amie ou neutre, „feroit condamné de bonne prife, à moins „que par de bons documens trouvés à bord „de ce vaiffeau il ne conftât que la vente et „l'acquifition en auroit été faite antérieure-„ment à la déclaration de la guerre **)".

*) *Voyez* ci-deffus n. XVI. et la Liberté de la Navigat. etc. p. 123 — 129..

**) J. J. MOSERS Verfuch des neueften Europaeifchen Völker-Rechts Th. IX. Bd. 2. p. 57.

XXXVI.

Le Roi de la Grande-Bretagne regarda cela „comme une innovation injuste en elle „même, contraire au Droit des Gens et „aux Loix de la guerre," déclarant en même tems „qu'il avoit résolu de faire publier „une pareille ordonnance contre les vaisseaux de fabrique Françoise." Il en fit informer les Etats Généraux des Provinces Unies, comme étant alors neutres, avec la déclaration pourtant, „qu'il vouloit suspen„dre la publication de cette ordonnance qui „pourroit incommoder les Sujets des Etats „et des Princes alliés ou neutres, jusqu'à ce „qu'il auroit vu, si sur les instances des „Etats, la Cour de France redresseroit une „nouveauté aussi gênante pour la naviga„tion,*)". L'issuë de l'affaire n'est pas connuë. Mais il semble que la Cour de France n'a pas révoqué son ordonnance, et que celle de la Grande-Bretagne l'a imité dans son procédé.

XXXVII.

Suivant ce nouveau réglement, le propriétaire d'un batiment devoit donc prouver non seulement sa propriété, mais aussi le

*) Moser là-même.

tems où il en avoit fait l'acquisition. Quelle gêne et quelle véxation pour des Négocians neutres? Et quel droit une Puissance belligérante pouvoit-elle avoir de préscrire à des peuples qui ne sont pas ses sujets, une loi si injuste et si incommode pour leur commerce? Qu'importe-t-il à un troisième de savoir de qui, ou avec quel droit, le possesseur a reçu une chose, ou combien d'années il y a qu'il la posséde: D'où a-t-il le pouvoir de s'en faire rendre compte? C'est un droit qu'il ne peut éxercer que sur ceux qui reconnoissent sa domination ou jurisdiction. Mais sous quel titre ou prétexte prédent-il faire la recherche d'un étranger qui n'est pas son sujet, et le punir pour un fait que toutes les loix permettent absolument? C'est un procédé vraiment arbitraire, une lésion des Neutres et une violation manifeste de leurs droits. Selon l'ancien usage, un vaisseau étoit regardé comme propriété de la Nation de laquelle étoit l'équipage, ou du moins sa plus grande partie. Comment donc une Puissance belligérante peut-elle de sa seule autorité et selon son plaisir, changer cet usage, et introduire une innovation si éxorbitante et si dommageable aux Neutres?

XXXVIII.

Il y a encore d'autres réglemens très rigoureux qui au commencement de la présente guerre sont venus de la France. On en a déja touché un ci-dessus *), suivant lequel „les seuls papiers trouvés à bord d'un „batiment pris, doivent être reçus comme „preuves, et ceux qu'on pourroit apporter „ensuite, n'avoir aucune foi.“ Le contenu d'un autre réglement etoit, „qu'un vaisseau „chargé de contrebande destinée pour l'en„nemi devoit être confisqué avec toute sa „cargaison, si les marchandises de contre„bande en faisoient la troisième partie, et „que le même devoit avoir lieu, si dans un „vaisseau neutre se trouvoit un Commis ou „Officier ennemi **)“. Cette disposition va beaucoup au delà de ce qui d'ailleurs en tels cas est usuel, et même établi dans quelques traités. Les marchandises seules de contrebande sont sujettes à la confiscation, le vaisseau même et le reste de la cargaison demeurent libres. Il est à la vérité stipulé dans plusieurs traités, que les vaisseaux neutres ne doivent transporter des gens de

*) n. XVI.

**) *Voyez* la Liberté de la Navigation et du Commerce des Nations neutres, p. 207.

guerre pour le ſervice des ennemis, et que dans ce cas le tout ſera de bonne priſe, navire, appareil et marchandiſes *). Vouloir étendre cela jusqu'à des individus, à un Commis ou Officier, eſt trop rigoureux, et d'autant moins équitable que très ſouvent le maitre du vaiſſeau ne connoît pas ſes paſſagers, et qu'il n'eſt pas toûjours en ſon pouvoir de les éxaminer à fond ſur leur condition et leur charge.

XXXIX.

Il arrive quelque fois que la guerre commence ſans une déclaration formelle, comme la préſente entre la France et la Grande-Bretagne a commencé de cette manière. Une telle rupture imprévuë n'autoriſe pas les Puiſſances belligérantes de ſaiſir auſſitôt dans le commencement des hoſtilités, des marchandiſes neutres trouvées à bord ennemi. L'ignorance des Neutres les met à l'abri d'un tel procédé, et même dans le cas que la déclaration de guerre ait été publiée, mais la cargaiſon déja faite avant la publication. De plus, comme une déclaration de guerre, bienque ſolennellement publiée, ne peut pas venir auſſitôt à

*) *Voyez* la Liberté de la Navigation etc. p. 77, 80, 110.

la connoiſſance des négocians dans des païs éloignés, cela leur ſervira pareillement d'excuſe, d'avoir chargé leurs effets ſur des batimens ennemis, parcequ'ils l'avoient fait innocemment, et avant d'être informés de la rupture. Auſſi a-t-on eu égard à cela dans quelques traités, et nommement dans ceux qui ont été conclus en 1677, entre la France et l'Angleterre, et en 1678, entre la France et les Provinces Unies. Les Parties contractantes y ont fixé à proportion de moindre ou plus grande diſtance des païs, certains termes, avant l'expiration desquels les effets neutres chargés ſur des batimens ennemis ne devoient pas être confisqués, mais inceſſamment rendus aux propriétaires. Avec une pareille équité il eſt arrêté dans les mêmes traités que les marchandiſes de contrebande devoient être renduës, ſans néanmoins pouvoir être conduites aux ports ennemis *).

XL.

Autant qu'en cela le Droit des Gens a été reſpecté, autant il eſt violé par les procédés des Belligérans, qui auſſitôt que la guerre a commencé, et même avant que la

*) *Voyez* la Liberté de la Navigation etc. p. 103, 104.

déclaration en ait été publiée, font arrêter et saisir les batimens neutres où il y a de la contrebande, ou confisquer les effets neutres chargés sur des navires ennemis. Toutes les Nations neutres se plaignirent au commencement de la présente guerre de la marine Angloise, qui fit saisir leurs navires sous prétexte de contrebande à cause des marchandises y chargées, au nombre desquelles elle mettoit aussi, comme nous l'avons déja remarqué ci-dessus, toutes sortes de munitions navales. Et quoique celles-ci ne soient pas marchandises de contrebande *), les Anglois les retenoient néanmoins. Il est vrai qu'ils les payoient, mais à un prix fixé par eux-mêmes; ce dont les propriétaires ne pouvoient point du tout être contens, parcequ'ils perdoient par-là un profit plus considerable, qu'ils avoient ailleurs à espérer.

XLI.

Le Roi d'Espagne ayant pris (en 1779) le parti de la France contre la Grande-Bretagne, et ayant déclaré la guerre à cette Couronne, il fit notifier aux Ambassadeurs et aux Ministres étrangers résidens à sa Cour,

*) *Voyez* ci-dessus n. XXVIII. XXIX.

„qu'il feroit bloquer Gibraltar, afinqu'ils „fussent en état d'en instruire leurs Nations „respectives, et que celles-ci pussent éviter, „dans leur navigation et conduite, les con- „séquences et les procédés autorisés par le „Droit des Gens et les loix générales de la „guerre." A l'égard des marchandises, productions et effets Anglois chargés à bord des batimens portant pavillon ami ou neutre, le Roi déclara, „qu'il se conduiroit „selon le procédé dont les Anglois en „usoient envers des chargemens du même „genre, afin d'éviter par cette réciprocité „de conduite, l'inégalité énorme, le pré- „judice, ou même la ruine auxquels le „commerce des sujets de sa Majesté se trou- „veroit exposé." Il se plaignit fort, à cette occasion, de la conduite que tenoient la marine et les corsaires Anglois, „en déte- „nant et déclarant de bonne prise les vais- „seaux neutres, non seulement lorsqu'ils „portoient des productions Espagnoles, „mais de quelque genre que fussent les „marchandises qu'ils avoient chargés dans „les ports d'Espagne, ou quoiqu'ils s'y „rendissent simplement *)." Ainsi la con- servation de l'égalité est ici alléguée comme

*) Magazin polit. et hist. 1780. Tom. II. p. 21 — 23.

la raiſon d'un procédé injuſte; et ainſi l'un y imite l'autre, au grand préjudice des Neutres, dont les pertes et véxations ſont par-là augmentées jusqu'à l'infini.

XLII.

Pour empêcher les convois à la ville bloquée de Gibraltar, les Eſpagnols arrêtèrent tous les vaiſſeaux paſſans le Détroit, qui leur étoient ſuſpects ou qui ſembloient être deſtinés pour cette forterreſſe, et les emmenèrent à quelque part d'Eſpagne, pour une diſcuſſion judiciaire. Par-là la navigation de tous les batimens allans à la Mer mediteranée ou en revenans fut interrompue, ce dont les Etats neutres, et particulièrement celui des Provinces Unies ſe plaignirent par leurs Miniſtres à la Cour d'Eſpagne. Là-deſſus le Roi fit publier une ordonnance, dans laquelle il étoit éxactement preſcrit aux batimens neutres, la conduite qu'ils auroient à obſerver dans leur navigation. „Ceux qui paſſeroient le Détroit, ſoit du „coté de l'Océan ou de la Méditeranée, de„vòient toûjours faire route en longeant la „côte d'Afrique, mais les batimens neutres „chargés pour des ports d'Eſpagne dans le „Détroit, comme ſont Algéſires ou Tariſe, „devoient attendre quelque vaiſſeau Eſpag-

„nol qui les efcorteroit et inftruiroit de la „manière d'arriver à leur deftination fans „risque ni foupçons. Si les vaiffeaux „Efpagnols croifans dans le Détroit ju„geoient convenable déscorter les batimens „neutres, ceux-ci feroient tenus de rece„voir ce convoi. A l'égard des batimens „neutres en apparence, qui fortoient des „ports d'Afrique dans le Détroit, on pro„céderoit fuivant la nature de leurs cargai„fons et les foupçons qu'il y auroit qu'ils fe „porteroient au fecours de Gibraltar. Les „navires qui ne fe conformeroient point à „ces difpofitions, feroient arrêtés, conduits „dans les ports et déclarés de bonne prife, „avec tout ce qui appartenoit à leur arme„ment et à leur cargaifon *)."

XLIII.

C'étoit un très-grand embarras pour des batimens neutres et innocens, de fe voir ainfi gênés dans leur route, et expofés, dans une fi grande étenduë de la mer, aux attaques des vaiffeaux de guerre et Armateurs Efpagnols. En effet le pouvoir que le Droit de la guerre et des Gens donne aux Belligérans par raport aux places par

*) Magazin polit. et hift. 1780. Tom. II. p. 24. 25.

eux assiégées ou bloquées, semble ici être porté au de là de ses bornes. Car une place maritime ne peut pas être bloquée par une simple déclaration. Si on la doit regarder comme telle, il faut que des vaisseaux de guerre soient stationnés si proche d'elle, qu'aucun batiment ne peut s'hasarder à y entrer. Mais de détenir dans une étenduë de plusieurs lieues des batimens neutres dans leur cours, sur le seul soupçon qu'ils iroient à la place bloquée, c'est un attentat incompatible avec la liberté de la navigation. Et c'est ainsi que l'Impératrice de Russie a regardé l'affaire dans sa déclaration faite aux Puissances en guerre *). De la même manière dans le traité de commerce, conclu en 1752 entre le Roi des deux Siciles et les Provinces Unies, il a aussi été convenu, „que nuls ports ou villes „ne seront tenus pour assiégés ou bloqués, „que ceux ou celles qui seront investis par „mer, au moins, par six vaisseaux de guer„re, à la distance d'un peu au dela de la „portée du canon de la place, et si c'est „du coté de terre par des batteries éle„vées et autres ouvrages, tellement qu'on „ne puisse entrer dans lesdits ports et vil-

*) *Voyez* ci-dessus, n. VII.

„les, ſans paſſer ſous le canon des Aſſié-
„geans *).

XLIV.

Outre ces griefs des neutres, il y en a encore d'autres cauſés par les Commandans des vaiſſeaux, et en particulier par les Armateurs des Puiſſances belligérantes. Ceux-ci exercent leurs violences d'autant plus hardiment qu'ils ont à faire à des batimens marchands ſans défenſe et qui ne ſont pas en état de leur réſiſter, ni de repouſſer la force par la force. C'eſt une règle établie, même par des traités de commerce, que les Armateurs ne doivent s'approcher des batimens marchands neutres de plus près que de la portée du canon, et n'y envoyer que deux ou trois hommes ſeulement pour ſe faire exhiber leurs paſſe-ports et lettres de mer, auxquels ſeroit donné entière foi et créance, ſans arrêter le batiment dans ſon cours. Il eſt de plus ordonné aux Capitaines des vaiſſeaux de guerre et aux Armateurs, que, quoique dans les batimens deſtinés pour des ports ennemis, il ſe trouvât des marchandiſes de contrebande, ils ne devoient pas ouvrir les balles, caiſſes ou ton-

*) *Voyez* l'art. 22. du traité dans le Merc. hiſt. et polit. 1753. Sept. p. 257.

neaux, ni en enlever quelque chose *). Mais rien n'a été tant et si souvent violé que ce réglement. Qu'on entende seulement les plaintes que les Hollandois ont faites dans la dernière guerre et celle d'à présent, des Armateurs Anglois. Ils vinrent à bord en nombreuse troupe, le pistolet et l'épée nue à la main; ils maltraitèrent le Maître et l'équipage, ils rompirent non seulement des balles, et enfoncèrent des caisses et tonneaux, mais ils prirent par force tout ce qui leur convenoit, et forcèrent même quelque fois les matelots à entrer à leur service. Quel nom donnera-t-on à ces énormes excès? Sont-ils différens de la piraterie? Plusieurs cas de cette nature sont rapportés dans des écrits publies **), mais c'est très-rarement qu'on a entendu parler d'une rigoureuse recherche de ces criminels ou de leur chatiment. Cette impunité les a rendu d'autant plus

*) *Voyez* la Liberté de la Navigation et du Commerce des Nations neutres p. 115.

**) Mémoires pour servir à l'histoire de notre tems, par rapport aux dissentions présentes entre la Grande-Bretagne et les Provinces Unies, au sujet des déprédations Angloises sur mer. (à Francf. et Leipz. 1759. 8.) Merc. hist. et polit. 1778. Dec. p. 702. *et suiv.*

hardis et arrogans; et il ſemble qu'ils regardent tout ce qu'ils font de mal et d'inſolent, comme leur droit, et un tel droit auquel tous les autres peuples doivent être ſoumis. Ils ſe croyent Souverains de la mer, et ſe conduiſent envers d'autres, comme ſ'ils vouloient tout à fait les en chaſſer. C'eſt ce qu'un Capitaine Anglois fit entendre au Maitre d'un batiment marchand Hollandois, auquel il avoit enlevé ſon pavillon. Lorsque celui-ci le redemanda, il lui répondit ſans détour, que bientôt le pavillon Hollandois ne devoit plus paroître ſur la mer.

XLV.

Suivant une autre loi préſcrite aux Corſaires, ils ſont obligés de conduire les batimens arrêtés et ſaiſis dans un port de leur Souverain, et d'y attendre la déciſion de la Cour d'Amirauté, ſi le vaiſſeau ou ſa cargaiſon eſt de bonne priſe *). Les corſaires ſe croyant tout permis, emménent ſouvent des batimens neutres dont les cargaiſons ſont tout à fait innocentes, dans un port, les y détiennent des mois entiers, ſans les dénoncer à l'Amirauté, et n'ayant

**) *Voyez* la Liberté de la Navigation etc. p. 115.

trouvé rien à redire à leurs papiers, les relachent enfin de leur seule autorité, mais après en avoir enlevé à leur fantaisie ce qui leur convenoit. C'est ce qui est arrivé à quelques batimens Prussiens, qui dans la guerre de la Succession d'Autriche furent emmenés à des ports Anglois *). Preuve évidente des grands désordres qui regnent parmi ces gens, et du peu d'attention qu'on a sur leur conduite. Dans une telle situation des affaires, on ne doit pas être surpris qu'ils méprisent les loix; et l'espérance de rester impunis les encourage à bien des entreprises illégitimes.

XLVI.

C'est donc par de bonnes raisons que dans les traités de commerce faits en 1662 entre la France et les Provinces Unies, en 1674 entre celles-ci et l'Angleterre, et en 1677 entre la France et l'Angleterre; il y est établi la loi, que les Capitaines des vaisseaux corsaires doivent, avant leur partement, donner caution bonne et solvable pour une certaine somme, afin de répondre des malversations qu'ils pourroient com-

*) Fred. Behmer observation du Droit de la Nature et des Gens, touchant la capture et la détention des vaisseaux et effets neutres, p. 87. 88.

mettre dans leurs courses. Une telle caution est d'autant plus nécessaire, que les Corsaires se laissent souvent aller à des déprédations et autres forfaits, qu'ils ont poussés quelque fois, comme il est remarqué dans les traités mêmes, jusqu'à traiter très inhumainement les Maîtres, Matelots et Passagers des vaisseaux qu'ils avoient pris, pour tirer d'eux tel aveu et telle déclaration qu'ils souhaitoient. Il est donc très-justement ordonné dans ces traités, que ceux qui seroient convaincus de pareils traitemens, seroient rigoureusement punis, et les vaisseaux pris relachés et renvoyés libres, sans une plus ample discussion en jugement, ou dehors *).

XLVII.

Les plaintes sont très-fréquentes de ce que les Commandans des vaisseaux de guerre et des Armateurs des Puissances belligérantes, ne respectent pas, comme il faut, le territoire des Etats neutres, en attaquant et saisissant sur leurs côtes et dans leurs havres ou rades des batimens ennemis ou neutres. C'est empiéter ouvertement sur

*) *Voyez* les Traités dans le Corps Diplom. de Mr. DUMONT, Tom. VI. P. 2. p. 412. Tom. VII. P. I. p. 282, 327.

les droits de Souveraineté des Princes neutres *). Ceux-ci ont donc un droit parfait d'empêcher à main armée ces ſortes de violences, d'obliger les vaiſſeaux de guerre et Armateurs qui ont violé de cette manière un territoire étranger, à la reſtitution de leurs priſes, et de demander à leur Souverain une ſatisfaction convenable pour ces inſultes.

XLVIII.

Les Armateurs des Puiſſances en guerre, ſe rendant, comme nous avons vû, ſouvent coupables de très grands excès et violences, contre les batimens marchands neutres; il faudroit leur ordonner, qu'en arrêtant un navire neutre, ils montrent au Maître leur commiſſion pour en connoître les noms du vaiſſeau corſaire, et de celui qui le commande. Cela eſt néceſſaire, afin qu'au cas de quelque offenſe et délit du corſaire, le Maître du batiment neutre ſache à qui ſ'en tenir. Et comme en outre, temoin l'expérience, les Armateurs ſe metamorphoſent ſouvent en pirates, il faut que les Capitaines des vaiſſeaux de guerre neu-

*) *Voyez* les Conſidérations impartiales ſur la guerre préſente entre la Grande-Bretagne et les Provinces Unies.

tres convoyans les batimens marchands de leur nation, ayent le pouvoir de demander à chaque corſaire l'exhibition de ſa commiſſion, pour y voir ſ'il eſt duëment autoriſé à la courſe. S'il ne peut ou qu'il refuſe de ſatisfaire à cette demande, il doit être regardé comme pirate.

XLIX.

Les batimens marchands neutres pour ſe garantir d'autant mieux contre la rapacité et la chicane, doivent en tems de guerre être pourvûs des paſſeports et de lettres de mer munis de l'autorité publique, comme auſſi de bons papiers concernant la cargaiſon, afin qu'étant rencontrés par les vaiſſeaux de guerre ou corſaires des parties belligerantes, le maître ſoit en état de rendre compte tant de ſa perſonne et de l'équipage que du batiment et des marchandiſes, et de prouver que la cargaiſon, en cas qu'elle ſoit diſtinée pour quelque port ennemi, n'eſt pas de contrebande. Mais quand un Etat neutre fait eſcorter les batimens de ſes ſujets par des vaiſſeaux de guerre, et que leur Commandant aſſûre et atteſte l'innocence de la cargaiſon, ce témoignage ſuffit, et la viſite des papiers et encore moins celle des marchandiſes ne peut pas avoir lieu;

parceque ce seroit contre la dignité du Souverain du Commandant de refuser le certificat d'un Officier, à qui il a confié un commandement de cette nature. En cas néanmoins que les vaisseaux de guerre d'une Puissance belligérante, voulussent éxécuter la visite par force, ce seroit une offense manifeste et un acte d'hostilité.

L.

Quand les vaisseaux de guerre ou corsaires ont saisi, dans une distance trop éloignée de leur païs, des batimens ennemis ou neutres, ils les emménent souvent dans un port neutre pour les y vendre. Mais cela ne devant être fait sans que les prises leur fussent adjugées en justice, le Consul de la partie belligérante de la quelle le corsaire a reçu sa commission, est ordinairement celui qui décide de la validité de la prise. Si cela est ainsi déterminé par des traités entre l'une ou l'autre des Puissances en guerre et le Souverain du port, ou qu'un long usage a fait naître ce droit, il faut que celui-ci y acquiesce. Mais si une telle convention ou coûtume n'éxistoit point, le Souverain du lieu est en droit de rendre sentence; et cela encore plus, si le maître du navire ou les propriétaires de la cargaison lui portoient leurs plaintes ſur l'injuſtice et la violence éxercées contre eux. Car ſous le nom de la courſe, des déprédations et brigandages ſont non rarement couverts. De favoriſer celles-ci, et de permettre aux brigands la vente de leur butin, c'eſt ce que l'Europe chrétienne juge indécent et injuſte. Dans ce cas donc, et de même, ſi la ſaiſie du vaiſſeau ſ'étoit faite ſous le canon de la place, le Souverain peut faire juger la cauſe par ſes tribunaux. Hors de tout cela, une jurisdiction étrangère dans un païs eſt quelque choſe de fort irrégulier. Elle contraſte trop avec les principes connus du Droit Public Univerſel, et un Etat n'eſt aucunement obligé de la ſoufrir malgré lui.

LI.

Voilà une énumération aſſez longue des droits prétendus et uſurpés des Puiſſances maritimes quand elles ſont en guerre. On'y a fait voir, combien la navigation et le commerce maritime des Nations neutres en eſt troublé, et on a auſſi montré que ces uſurpations exorbitantes ne ſauroient abſolument conſiſter avec les droits inconteſtables des Neutres, et qu'elles méritent pour cela d'être abolies ou du moins étroitement restreintes. Ces restrictions sont une suite naturelle des procédés injustes et violens des Belligérans, et se réduisent à ces articles:

I. Les Puissances belligérantes n'ont pas le pouvoir d'interdire aux Nations neutres le transport de certaines marchandises aux païs de leur adversaire. Un tel interdit n'a lieu qu'à l'égard des munitions de guerre, qui sont désignées dans les traités de commerce.

II. C'est pourquoi bois, mâts, chanvre, voiles, cordages, poix, goudron et les autres appareils pour la construction et l'équipement des vaisseaux, à moins qu'ils ne soient expressement exceptés dans l'un ou l'autre traité de commerce, sont des marchandises permises, qu'une partie belligérantes ne peut aucunement défendre de sa seule autorité. Une telle défense ne peût être faite aux Négocians que par leur Souverain.

III. Les parties belligérantes ne sont pas en droit de faire arrêter et visiter des batimens neutres, allans à des ports ennemis ou en revenans, sous prétexte que les effets y chargés sont propriété ennemie, ou sur le compte et au risque des sujets ennemis; et encore moins peuvent-elles les faire ſaiſir et déclarer de bonne priſe; cela étant tout à fait contraire au nouveau Droit des Gens de l'Europe.

IV. Comme ſelon celui-ci, il eſt décidé que les batimens neutres peuvent charger et tranſporter des marchandiſes appartenantes à des ſujets ennemis, les Cours d'Amirauté n'ont aucun droit d'éxiger des Neutres, la preuve que la cargaiſon de leurs batimens eſt leur propriété et non ennemie.

V. Les batimens neutres ne peuvent par aucune raiſon être emmenés dans quelque port d'une Puiſſance belligérante, à moins qu'ils ne conduiſent des marchandiſes de contrebande, c'eſt à dire des armes et munitions de guerre, à un port ennemi. Celles-ci ſont ſeulement confiſcables; le vaiſſeau et les autres marchandiſes reſtent libres.

VI. La recherche des tribunaux d'Amirauté, ne peut donc rouler que ſur la queſtion, ſi la cargaiſon eſt de contrebande, et deſtinée pour l'ennemi?

VII. Si les marchandiſes de contrebande ne faiſoient qu'une partie de la charge, et que le Maître trouvoit bon de les livrer au Capitaine du vaisseau de guerre ou corsaire, il ne doit pas être empêché de continuer son voyage.

VIII. Des batimens neutres saisis injustement seront relachés sans une longue et ennuyeuse procédure, avec un dédomagement complet, pour la perte du tems et des profits, pour le dépérissement des marchandises, et avec refusion des frais judiciaires et autres dépens.

IX. Il faut que les Puissances neutres et belligérantes conviennent des principes, suivant lesquels il doit être procédé dans les Cours d'Amirauté. Si elles n'en sont pas d'accord, les sujets d'un état neutre qui sont lésés, ne peuvent pas être renvoyés à ces Tribunaux, mais les deux Cours doivent auparavant s'accorder sur les principes dont ils ne conviennent pas.

X. Un vaisseau neutre est censé, comme appartenant à la Nation de laquelle est l'équipage, ou sa plus grande partie.

XI. Il ne peut être saisi ou consisqué, sous prétexte qu'il est de fabrique ennemie, et qu'il a eu autrefois un propriétaire ennemi.

XII. Des marchandises de contrebande chargées sur des batimens neutres, ou des effets neutres chargés à bord ennemi avant la déclaration de guerre, ne sont pas confiscables. Et comme cette déclaration, ou la rupture commencée déja avant sa publication, ne peuvent pas aussitôt venir à la connoissance des Négocians éloignés, il est juste, que pour le bien des Neutres, il soit fixé, à proportion de moindre ou plus grande distance des païs, certains termes, pendant lesquels ni marchandises de contrebande chargés sur des batimens neutres, ni effets neutres trouvés à bord ennemi ne doivent être saisis et confisqués.

XIII. Comme les Puissances belligérantes donnent des commissions aux Commandans de leurs vaisseaux de guerre et corsaires, elles sont responsables de tout ce que ceux-ci ont fait de mal et d'illégal en vertu de ces commissions, et obligées de satisfaire à ceux qui en ont soufert.

XIV. Il est donc sagement ordonné dans quelques traités de commerce, que les Corsaires, avant de recevoir leurs commissions, fassent bonne caution pour une certaine somme, afin qu'ils pussent d'autant plus aisément être obligés de répondre des malversations qu'ils pourroient faire dans leurs courses.

XV. Les vaiſſeaux de guerre et les Armateurs ne doivent ſ'approcher des batimens marchands neutres de plus près que de la portée du canon, et n'y envoyer que deux ou trois hommes ſeulement, pour ſe faire exhiber les paſſeports et lettres de mer. Et quoique dans les batimens deſtinés pour des ports ennemis, il ſ'y trouvât des marchandiſes de contrebande, les armateurs ne doivent ouvrir les balles, caiſſes ou tonneaux, ni en enlèver ou vendre quelque choſe, mais conduire le batiment dans un port de leur Souverain pour une diſcuſſion judiciaire.

XVI. Les Commandans des vaiſſeau corſaires arrêtans des batiment neutres ſont obligés de montrer leurs commiſſions; afin qu'en ſe rendant coupables de quelque malverſation, le Maître du batiment neutre ſache à qui ſ'en tenir.

XVII. En cas qu'une troupe de gens armés de piſtolets et d'épées, vienne d'un vaiſſeau corſaire à bord d'un batiment neutre, et qu'ils en enlévent par force des effets, ils ſeront regardés et punis comme des pirates.

XVIII. Les vaiſſeaux de guerre et les Corſaires doivent reſpecter le territoire neutre, et s'abstenir de toute violence contre des vaisseaux ennemis ou neutres, qu'ils pourroient y rencontrer.

XIX. Si les armateurs emménent un batiment pris dans un port neutre, c'est au Souverain du lieu de juger sur la légalité de la prise, à moins que par des traités ou par un long usage, la décision n'en soit attribuée au Consul du Souverain du corsaire.

XX. La seule déclaration d'une Puissance belligerante, qu'elle a bloqué ou veut faire bloquer un port ennemi, ne suffit pas pour que les neutres le regardent comme tel: mais pour cet effet, il faut que des vaisseaux de guerre de celui qui prétend bloquer une place maritime, en soient stationnés si proche, qu'aucun batiment ne puisse y entrer sans risque.

XXI. Une Puissance belligérante ne peut donc défendre aux Neutres la navigation dans une distance assez éloignée de la place prétendüe bloquée, ni leur prescrire des bornes où ils auroient à se contenir dans leur passage.

LII.

Après ces restrictions fondées sur le Droit des Gens Universel et celui de l'Europe, les droits dont les Puissances belligérantes demeureront en poſſeſſion, ſont néanmoins aſſez étendus. Car

I. Ils ont le pouvoir de ſaiſir et de confiſquer des armes et toutes ſortes de munitions de guerre que les neutres voudroient tranſporter à des ports ennemis.

II. Les effets neutres chargés à bord ennemi ſont pour eux pareillement de bonne priſe.

III. De là il eſt permis à leurs vaiſſeaux de guerre et corſaires, de demander aux batimens neutres l'exhibition de leurs paſſeports et lettres de mer, pour ſavoir ſi c'eſt effectivement un batiment neutre, et pour où il eſt deſtiné.

IV. Si un tel batiment fait voile vers un port ennemi, les vaiſſeaux de guerre et corſaires ont le droit d'éxiger, hors les paſſeports et lettres de mer, auſſi l'inſpection des papiers rélatifs à la cargaiſon pour ſ'en aſſûrer qu'elle n'eſt pas de contrebande.

V. En cas qu'elle en fût, le batiment peut être arrêté et emmené dans un port du Souverain du vaiſſeau de guerre ou Corſaire, pour y faire déclarer la contrebande de bonne priſe.

VI. De la même manière, les Belligérans pourront ſaiſir les batimens neutres destinés pour un port ennemi assiégé ou bloqué, et comme ç'à été jusqu'ici l'usage, les assujettir avec leurs chargemens à la confiscation.

LIII.

Les droits des Puissances belligérantes étant ainsi réduits à leurs justes bornes, les Etats neutres et leurs Sujets seront par là délivrés de la plus grande partie des incommodités qui embarassoient leur navigation commerçante, et ils jouiront d'orénavant de plusieurs avantages, dont une injustice notoire les avoit jusqu'ici privés. Les principaux en seront les suivans:

I. Les vaisseaux neutres destinés pour des ports neutres, ne doivent point du toût être arrêtés et encore moins visités, ni même sous prétexte de marchandises de contrebande, pourvû qu'ils soient dûement pourvus de bons passeports et lettres de mer.

II. Outre des armes et munitions de guerre, les négocians neutres peuvent transporter toute autre sorte de marchandises au païs ennemi, les places assiégées ou bloquées seulement exceptées.

III. Ils peuvent librement naviguer sur les côtes des Puissances en guerre, et d'un port ennemi à l'autre.

IV. Les vaisseaux de guerre des Puissances neutres équipés pour la protection du commerce de leurs sujets, sont en droit de demander aux Armateurs l'exhibition de leurs commissions, pour savoir si une Puissance belligérante les a autorisé légalement à leur course, d'autant plus que sous le nom d'Armateurs, il se cache non rarement des pirates.

V. Si les Commandans des vaisseaux de guerre neutres qui escortent les batimens marchands de leur nation vers un port ennemi, attestent et assûrent que ceux-ci ne sont pas chargés de marchandises de contrebande, ils doivent être crus sur leur parole; et il n'est pas permis aux vaisseaux de guerre d'une partie belligérante d'y faire la visite. En cas qu'ils ne s'en veuillent désister, et qu'ils recourent à la force, c'est autant qu'un acte d'hostilité.

LIV.

Combien seroit-il à souhaiter que pour l'avantage commun de la navigation et du commerce, il soit établi un Code maritime général de l'Europe fondé sur la raison et la justice, afin de mettre par-là des bornes aux droits trop étendus des Puissances belligérantes? Elles ne les ont acquis que par la barbarie des tems anciens, et par l'erreur des siècles posterieurs; et elles ne s'en sont conservées la possession que par la condescendance des Princes et Etats neutres qui ne connoissoient pas leurs propres droits. Maintenant les tems et les hommes étant plus éclairés, et les véritables principes du Droit Public et des Gens mieux connûs que ci-devant; maintenant que nous voyons plusieurs Puissances neutres unies pour la défense de leurs droits, et même la pluralité des Princes belligérans favorable à la liberté du commerce maritime des Peuples neutres: maintenant l'époque heureuse semble enfin être venüe, où les usurpations exorbitantes éxercées jusqu'ici, sous le faux nom du Droit de la guerre et des Gens, et si ruineuses pour la navigation commerçante, pourront être plus étroitement restreintes. Ce seroit l'événement le plus heureux pour le commerce maritime de toutes les Nations Européennes, et un ouvrage digne tant des Puissances neutres aux soins desquels seroit dû son accomplissement que des Belligérans qui y auroient consenti; enfin un monument glorieux du zêle des uns et du désintéressement des autres.

F I N.

CONSIDERATIONS IMPARTIALES SUR LA GUERRE ENTRE LA GRANDE BRETAGNE ET LES PROVINCES UNIES DES PAIS-BAS.

AVANT-PROPOS.

Toute l'Europe fût étonné, lorsqu'elle vit la Grande-Bretagne déclarer la guerre aux Etats Généraux des Païs-Bas Unies. On ne pouvoit s'imaginer que cette Puissance qui avoit déja trois ennemis sur les bras, se résoudroit d'entrer en lice avec un quatrième qu'elle attaqua contre toute attente.

A la vérité les raisons qui devoient justifier cette guerre, ne satisfirent pas le Public. Mais il sembloit qu'en-Angleterre on s'en soucioit peu. On y méprisa l'Etat des Provinces Unies, parcequ'il n'étoit plus ce qu'il avoit été il y a un siècle. Alors ses forces navales égaloient presque celles d'Angleterre. On les vit faire tête aux plus formidables flottes Angloifes, et les combattre avec autant de courage que de fuccès. Mais ces tems glorieux font paffés. A mefure que les forces navales de l'Angleterre augmentèrent, celles des Provinces Unies diminuèrent, jusqu'à tomber presqu'entièrement en ruine.

Il étoit bien connu aux Anglois, que l'Etat ne pourroit pas fe défendre contre une attaque foudaine; ils étoient bien affurés que la démarche qu'ils feroient, étoit fans risque; et en vérité les Provinces Unies n'avoient rien à oppofer à leur ennemi que la bonté de leur caufe, et les fecours de la providence. Pendant une longue paix de plus de trente ans, le Lion Belgique s'étoit endormi; et ayant enfin été réveillé par le bruit du canon Anglois, il ne pouvoit plus fe reconnoître

Les Anglois, comme il paroît par le procédé de l'Amiral Rodney à St. Eustache, et par leurs autres mesures, se sont montrés très-acharnés contre leur nouvel ennemi, comme s'ils avoient le dessein de le détruire entièrement.

Mais supposé que cela fût en leur pouvoir, il est bien problématique, si un tel dessein s'accorde avec une bonne et saine politique.

Sur notre globe, tout est sujet au changement, non seulement pour le physique, mais aussi pour le moral et le politique. Comme par des violentes convulsions de la nature, par des tremblemens de terre, par des Volcans et par des inondations, la surface et les entrailles de la planète que nous habitons, ont été souvent changées: tout de même les Etats et les Empires ont éprouvé des convulsions et des changemens, ou par des causes extérieures, ou par des vices intérieurs. Tantôt ils ont été bouleversés par des forces ennemies supérieures; tantôt ou la tyrannie du Souverain, ou l'esprit turbulent et séditieux du peuple, a causé des révolutions. Et comme le désir d'une domination arbitraire, poussoit quelque fois le Prince trop loin: de même le peuple ne gardoit pas non plus, dans la défense de ses droits et de sa liberté, une juste mesure.

L'un et l'autre a souvent été le destin de l'Angleterre. On y a vû, une fois, le peuple maître et du Roi et du Royaume, et une autre fois, le Roi sur le point de subjuguer le peuple et de lui ravir ses privilèges et sa liberté spirituelle et temporelle.

Des evènemens qui sont arrivés dans les siècles passés, peuvent par des causes ſemblables arriver de nouveau. Il ſe peut qu'un Roi aſpire à une monarchie abſolûe, ou que le peuple ſ'entête d'un gouvernement républicain. Les effets en ſeront des jalouſies réciproques, des entrepriſes deſpotiques, des conſpirations, des tumultes, et enfin une guerre civile.

Suppoſé donc l'un ou l'autre de ces cas éxiſtant, ce ſeroit tant pour la nation Angloiſe, que pour la maiſon Royale, un vrai bonheur d'avoir pour voiſin un Etat ami, aſſez puiſſant pour ſoutenir la bonne cauſe, c'eſt-à dire, ou la liberté légitime du peuple, ou les juſtes droits du Prince, et pour conſerver, par conſéquent, l'ancienne forme du gouvernement.

Un tel Etat voiſin à l'égard de l'Angleterre ſont les Provinces Unies, qui par leur ſituation ſe trouvent le plus à portée de donner du ſecours à l'une partie, ou à l'autre; et elles ont déja une fois rendu ce service important à leurs voisins. Car c'étoient elles, qui par leur assistance opportune, ont, en 1688, effectué la *Révolution*, dont toute la nation Angloise ressent encore aujourd'hui les heureux effets.

Vouloir donc écraser ces anciens amis, ou les affoiblir considérablement, ce seroit du côté du Monarque et du peuple Britannique, agir contre leurs propres intérêts, en se privant d'un allié qui pourroit, dans un jour critique, devenir très-utile à l'un ou à l'autre.

Mais cette idée est aussi peu entrée ci-devant dans le systême politique des Anglois, qu'à présent. Leur but semble plûtôt avoir été dans le siècle passé de perdre tout à fait la République des Provinces Unies, à laquelle ils firent à trois reprises (en 1652, 1664, 1672) une rude guerre, et de l'aveu même de leurs Historiens impartiaux, toujours très-injustement. Il est bien remarquable, que Charles II. avoit entrepris la dernière de ces guerres tout exprès, pour exterminer ces peuples industrieux et florissans des Païs-Bas Unies, afin qu'ils ne pussent secourir ses sujets, sur lesquels il méditoit alors d'établir une domination despotique.

Afin de pouvoir juger solidement de la présente guerre qui s'est allumée entre ces deux Puissances, j'ai tracé le précis suivant de ce qui s'est passé de plus remarquable entre elles depuis deux siècles. Il donnera des éclaircissemens sur leurs différends anciens et nouveaux; il fera voir que la vuë de la politique Angloise a toûjours été de tenir la République dans une entière dépendance; il montrera enfin, que le cours naturel des affaires a du produire un changement considérable dans la manière de penser, et dans la conduite des Provinces Unies envers l'Angleterre. Le simple recit des faits offrira des raisons suffisantes, pour décider de quel côté se trouvent le Droit et le Tort.

CONSIDERATIONS IMPARTIALES
SUR LA GUERRE
ENTRE LA GRANDE-BRETAGNE
ET LES
PROVINCES UNIES DES PAÏS-BAS.

De toutes les Puiſſances de l'Europe, l'Angleterre a été la première, qui a effectivement ſecouru les Provinces des Païs-Bas, lorsqu'elles ſecouèrent le joug de la domination Eſpagnole. Après qu'elles furent confédérées (en 1576) par la Pacification de Gand, la Reine Eliſabeth, fit avec elles (en 1578) un traité, par lequel elle promit de les aſſiſter de 1000 hommes de Cavallerie, et de 4000 d'Infanterie: quoiqu'enſuite elle leur donnât de l'argent au lieu de troupes, probablement pour éviter une rupture avec l'Eſpagne.

Les ſept Provinces de Gueldres, de Hollande, de Zélande, d'Utrecht, de Friſe, d'Overyſſel et de Groningue ſe liguèrent bientôt après (en 1579,) par l'Union d'Utrecht, pour la défenſe de leur liberté commune. Mais ſe trouvans trop foibles pour la ſoutenir contre la grande puiſſance Eſpagnole, ils offrirent à la Reine la ſouveraineté ſur leur république naiſſante.

Ils eurent un refus. Elle craignit les dépenſes qu'elle ſeroit obligée de hazarder à une entrepriſe, dont l'iſſuë étoit très douteuſe. Elle ne trouva pas non plus les conditions à ſon goût, par lesquelles cette ſouveraineté devoit être reſtreinte. Néanmoins elle ſe laiſſa perſuader à faire une alliance avec les Provinces Unies (en 1585,) et leur promit un ſecours de 5000 hommes. Pour la ſûreté de ſes dépenſes et d'autres avances pécuniaires, on lui hypothéqua les villes de Brile, Fliſſingue et Raminekens, qui furent gardées par ſes troupes, et on lui accorda le droit de mettre deux Anglois dans le Conſeil d'Etat des Provinces Unies.

Elle nomma ſon favori, le Comte de Leiceſtre, Général en chef de ſes troupes auxiliaires, et les Etats Unies, pour faire plaiſir à leur alliée, confièrent au Comte le gouvernement général des ſept provinces, avec un pouvoir très-étendu.

Il ſe conduiſoit dans ſa charge ſelon les inſtructions ſecrettes que ſa Maîtreſſe lui avoit données. Le but de tous ſes ſoins étoit de soûmettre la nouvelle République à la domination arbitraire de la Reine. Dans cette vuë il se fit un parti, particulièrement parmi les ministres de l'église réformée, auxquels il fit espérer un accroissement de leur autorité sous le gouvernement Anglois; et avec leur aide, il crût pouvoir gagner la faveur du peuple. Cette conduite perfide et fourbe, et son gouvernement mauvais et despotique occasionnèrent des disputes et des contestations continuelles entre lui et les Etats. Il en résulta la conséquence, que la Reine le rapella, et lui commanda de se défaire de son gouvernement, peut-être qu'elle ne le croïoit pas assez capable ou assez intriguant pour remplir ses vuës sur une domination illimitée. Toute fois elle ne semble pas les avoir abandonné, parcequ'elle et le Comte de Leicestre, tandisqu'il étoit en vie, entreténoient la sédition et la révolte dans les troupes des Etats, comme auparavant parmi les Ministres de l'église et parmi le peuple.

La Reine ne voulut pas non plus reconnoître les fautes et le mauvais comportement de son favori, ni entendre les plaintes qu'on lui en fit. Elle réprimanda quelque fois les Députés des Etats très-amère, ment ſur ſon compte, elle ſe formaliſa de leur ingratitude; et à tout accès de mauvaiſe humeur, elle redemanda les ſommes d'argent, qu'elles leur avoit avancées.

Ces avances, les troupes auxiliaires Angloiſes, les garniſons de Brile, Fliſſingue et Rammekens, les deux Aſſeſſeurs Anglois au Conſeil d'Etat, tout cela mit les Provinces Unies dans une grande dépendance de l'Angleterre. Et c'eſt de là que les Anglois ſe donnèrent un air d'autorité et de hauteur envers les Hollandois, dont ils ne pûrent jamais ſe défaire.

Cette dépendance fut pourtant un peu diminuée par un nouveau traité fait en 1598. Car en vertu de celui-ci, les troupes Angloiſes qui avoient été jusqu'ici auxiliaires, entrèrent au ſervice des Etats; et par-là finit le grand et importun pouvoir du Général Anglois, qui n'étoit pas ſoumis à leurs ordres. Au lieu de deux Conſeillers d'Etat Anglois, la Reine ſe contenta d'un ſeul. Dans les trois villes hypothéquées il reſta à la vérité des garniſons Angloiſes, mais elles reçûrent leur paye des Etats, et les avances de la Reine furent, compte fait, fixées à huit millions de florins Hollandois.

Quoique les Etats eussent donné à la Reine, après qu'elle fut engagée dans une guerre ouverte avec l'Espagne, des secours assez considerables, et qu'ainsi l'alliance avec eux lui fût très utile, elle avoit néanmoins regardé les Provinces Unies comme des peuples pauvres, opprimés, et protégés par sa seule générosité et compassion. Son Successeur le Roi Jaques I. qui avoit la tête pleine d'une trop haute idée des droits royaux, les considéra au contraire comme des rebelles, qui s'étoient injustement révoltés contre le gouvernement Espagnol; et quelque fois même il les nomina ainsi.

C'est pourquoi bientôt après son avênement à la Couronne d'Angleterre, il finit la guerre contre l'Espagne, qu' Elisabeth avoit continuée jusqu'à sa mort. Aussi le traité de paix contenoit-il quelques conditions préjudiciables aux Provinces Unies.

C'est ce qui imprima aux Etats une grande diffidence envers lui, et elle augmenta, lorsque quelques années après, il entra dans une négociation avec la Cour d'Espagne sur le mariage de son fils avec l'Infante Marie, fille de Philippe III. Ils craignirent qu'à cette occasion, il ne livrât aux Espagnols les trois villes Brile, Flissingue et Rammekens, hypothéquées ci-devant aux Anglois, et gardées par leurs troupes.

Ils pouvoient à la verité se délivrer de cette crainte par le rachat des villes susdites. Mais pour cela il falloit une Somme de 818408 Livres Sterlins, ou huit millions de florins Hollandois, que les Etats ne pouvoient ou ne vouloient pas payer.

Leur dessein étoit de rabattre une partie de cette grande somme; et par une politique adroite et rusée, ils donnèrent un tel tour à l'affaire, que le Roi leur offrit le rachat lui-même. De là naquit une négociation et une convention, par laquelle toute la somme fut réduite à deux millions et 728000 florins. Par-là les Etats recouvrèrent la possession de leurs villes qui les tenoient encore fort dépendans de l'Angleterre.

Le droit de nommer un Assesseur dans le Conseil d'Etat de la République, réservé par le traité de 1598 à la Reine Elisabeth, avoit cessé, tant par sa mort, que par le grand changement des affaires dépuis arrivé. Cependant les Ambassadeurs d'Angleterre avoient ordinairement assisté audit Conseil; ce que par complaisance, les Etats avoient permis. Mais l'Ambassadeur Carleton, ayant fait en 1626 un voyage en Angleterre, les Etats, pendant ſon abſence, prirent la reſolution de ne laiſſer plus, ni lui ni ſes Succeſſeurs, dans la poſſeſſion de cette place dans le Conſeil d'Etat. Carleton à ſon retour, inſiſta fortement ſur la révoçation de cette réſolution, mais on le réfuſa nettement. Les Etats voulant une fois pour toutes, ſe débaraſſer de ce reſte de dépendance, ne firent aucun cas du mécontentement qu'on en témoigna en Angleterre.

Un peu auparavant (en 1623) un accident arrivé aux Indes Orientales mit toutes les deux nations en combuſtion. Les compagnies Angloiſe et Hollandoiſe y établies faiſoient un commerce commun dans Amboine, une des grandes Isles Molucques. Suivant une convention faite entre elles en 1619, les Anglois avoient un tiers de ce trafic; les Hollandois en poſſédoient deux, et ils étoient auſſi en poſſeſſion de la forteresse de cette Isle. Les Anglois, à ce qu'en raportent les Hollandois, avoient formé le deſſein de ſ'emparer de la forterеſſe. Le Commandant Hollandois, Henri Speult, fit là-deſſus empriſonner pluſieurs Anglois. Il pouſſa la procédure criminelle contre eux, jusqu'à la queſtion, et neuf de ces malheureux furent éxécutés. Après cela on chassa les Anglois non seulement d'Amboine, mais de toutes les Isles-Moluecques.

En Angleterre on déclara ce prétendu dessein faux, et inventé pour exclure les Anglois du commerce des Moluecques, et on demanda une juste satisfaction pour le sang répandu de tant d'innocens: Aussi fit-on en Hollande une recherche de ce fait sanglant; mais les véritables circonstances en sont restées ensevelies dans l'obscurité. C'étoit du moins une précipitation fort inconsidérée du Commandant, d'avoir traité une affaire de cette importance de son chef et d'une manière si arbitraire, sans avoir égard à une puissante Nation, à laquelle les accusés appartenoient.

Les Anglois s'en vengèrent par la prise d'un nombre infini de batimens marchands Hollandois. En 1627 les Négocians comptèrent déja leur perte a huit millions de florins. Sur les plaintes qu'ils firent là-dessus, l'affaire d'Amboine étoit toujours la réponse et la justification.

Environ ce tems-là, le harang dont les Hollandois avoient dépuis longtems fait la pêche sur les côtés d'Angleterre et d'Ecosse, devint un nouveau sujet de brouillerie entre les deux Nations. Jaques I. avoit déja, à titre de ſon empire prétendu ſur la mer Britannique, défendu cette pêche. Charles I. ſ'y opposa (en 1636,) par un grand armement naval, et força par-là les pêcheurs à lui donner pour la permiſſion de la pêche 30000. Livres Sterlins. Mais cette affaire auſſi bien que celle d'Amboine rentrèrent dans l'oubli par la guerre inteſtine d'Angleterre entre le Roi et le Parlement. Les Etats reſtant neutres, firent une tentative pour reconcilier les parties par leur médiation; mais elle fut déclinée par le Parlement, ſous prétexte d'une trop grande partialité pour le Roi.

Après ſa mort tragique, et la métamorphoſe du Royaume en République, le Parlement conſidéra les Provinces Unies, comme la ſeule Puiſſance qui ſeroit en état de ſoutenir la famille Royale éxilée et exclue de la ſucceſſion paternelle. Il fit donc par une ambaſſade ſolennelle propoſer aux Etats une ligue perpétuelle et indiſſoluble, ou ce qu'il appelloit une *Coalition*, par laquelle les deux Républiques devoient être unies en une ſeule.

Dans les Provinces Unies on trouva cette propoſition non ſeulement extravagante, mais même dangéreuſe, parceque faiſant une telle union, ce ſeroit autant que de s'assujettir pleinement à la domination Angloise. Les Etats s'offrirent néanmoins à une alliance défensive, mais sans vouloir se mêler des differends entre le Parlement et Charles II. qui se disoit Roi d'Angleterre, et que les Ecossois avoient aussi déclaré leur Roi. Mais cela ne fut pas accepté, et les Ambassadeurs rompirent la négociation.

Immédiatement après (en 1651) le Parlement fit le fameux *Acte de Navigation*, par lequel il défendoit à tous les vaisseaux étrangers d'introduire en Angleterre d'autres denrées ou marchandises, que celles qui seroient cruës ou fabriquées chez la nation qui les apportoit. La defense étoit à la vérité générale, mais dans son application, elle porta particulièrement sur les habitans des Provinces Unies, parceque leur commerce avec l'Angleterre consistoit principalement en marchandises étrangères.

Le Parlement n'en demeura pas là. Il résuscita l'affaire d'Amboine; il donna des lettres de représailles à quelques marchands Anglois, qui avoient des prétentions à la charge de la Compagnie des Indes Orientale Hollandoise, ou qui en formoient: et en peu de tems, plus de quatre vingt navires furent pris et amenés en Angleterre.

Tout cela fit voir affez clairement le deffein du Parlement de forcer les Etats à la guerre. Il avoit auffi des motifs fecrets qui l'y déterminoient puiffamment. Il vouloit refter affemblé, et continuer le gouvernement ufurpé dépuis tant d'années, fans fe diffoudre. Il vouloit, pour affermir fon autorité, congédier ou du moins diminuer l'armée, qui depuis la guerre civile étoit encore fur pié, et par-là reftreindre le trop grand pouvoir de fon Général Olivier Cromwell, devenu trop formidable. La dépenfe que la guerre maritime contre les Provinces Unies demanderoit, dévoit fervir à juftifier ces mefures. Et c'étoit fur ces motifs, que cette guerre fut réfoluë.

Les Etats, pour la prévenir, envoyèrent une Ambaffade extraordinaire en Angleterre, afin d'amener, f'il étoit poffible, les chofes à un accommodement. Mais le Parlement parla d'un ton fort hautain. La reconnoiffance de l'empire des Anglois fur la Mer Britannique, et du droit de la pêche autour des côtés Britanniques, l'abaiffement du pavillon et des voiles dans cette mer, le pouvoir d'y vifiter les vaiffeaux Hollandois, et enfin une fatisfaction éclatante pour l'affaire d'Amboine, devoient être les conditions de l'amitié future.

Mais pendant qu'on négocioit encore, la guerre commença par un combat des flottes Angloiſe et Hollandoiſe. Aucune d'elle ne voulut avoir été l'aggreſſeur; mais très vraiſemblablement le premier coup vint du côté des Anglois.

C'ette guerre fût très malheureuſe pour les Provinces Unies. Non ſeulement dans la plûpart det batailles dont on en comptoit une dixaine, la victoire ſe déclara pour les Anglois, mais outre cela, un nombre infini de batimens marchands Hollandois fût pris; et on prévit la ruine totale du commerce, qui étoit le principal ſoutien de la République, et ſans lequel elle ne pouvoit abſolument ſubſiſter.

Une cauſe de la perte de pluſieurs batailles fût, la moindre dimenſion de ſes vaiſſeaux de guerre, dont les plus grands n'étoient que de 50. canons; les Anglois au contraire en avoient beaucoup de 70. jusqu'à 80. Non obſtant cette inégalité, les Hollandois furent dans quelques combats inconteſtablement les vainqueurs.

Dans cette facheuſe ſituation des affaires, les Etats cherchèrent par tous les moyens possibles d'obtenir la paix; et heureusement ils y trouvèrent disposé Cromwell, qui enfin s'étoit emparé du gouvernement.

Mais la fortune de la guerre dictant les conditions de la paix, celles-ci ne pouvoient être que désavantageuses aux Etats. Dans le traité fait en 1654, il faloit, entre autres, qu'ils concédassent aux Anglois l'honneur du pavillon dans la Mer Britannique, que la Compagnie des Indes Orientales Hollandoise, cédât à l'Angloise l'Isle de Poularon, qu'elle payât à celle-ci une somme de 85000 livres Sterlins, à titre de dommages faits à elle dans les tems passés, et qu'enfin elle donnât aux héritiers des Anglois éxécutés à Amboine 3615 livres Sterlins pour leur satisfaction.

Charles II. ayant été rétabli (en 1660) dans ses royaumes, fit (en 1662) un traité d'amitié et d'alliance défensive avec les Etats; mais néanmoins il conserva une forte indignation contre le parti de Loevestein, comme on l'appelloit, dominant alors dans les Provinces Unies, parce qu'il avoit exclus son neveu, le jeune Prince d'Orange Guillaume III. du Stadhouderat et des autres dignités dont ses ancêtres avoient été revêtus. L'avancement de ce Prince au Stadhouderat, fit espérer au Roi une très grande influence sur le gouvernement de l'Etat; et il jugea que la guerre y seroit le moyen le plus propre.

Son frère Jaques, Duc de York, le fortifia dans ces sentimens. L'un et l'autre étoient Catholiques clandestins, et peut-être haissoient-ils les Provinces Unies, comme un Etat riche et puissant, et considéré comme le boulevart de la religion Protestante.

La Nation Angloise regarda elle-même d'un oeil envieux, le commerce florissant et fort étendu des habitans des Provinces Unies. Le Roi avoit établi une Compagnie Africaine; mais elle prospéra peu en comparaison des Hollandois. Car ceux-ci possédoient un bon nombre de forteresses sur les côtes du Cap verd et de la Guinée, qui servirent à protéger leur commerce.

Par jalousie en fait de commerce, le Parlement fit entrer dans un de ses actes cette déclaration: „que les injustices et les „lésions exercées par les Hollandois contre „les Anglois, étoient le plus grand em„pêchement du commerce étranger de la „nation, et qu'il falloit prier le Roi de „s'y opposer par des mesures vigoureu-

„ſes, en quoi on l'aſſiſteroit de ſang et de „bien."

Si l'on croit, que les réſolutions du Parlement ſont toujours peſées dans la balance d'Aſtrée, on ne connoit pas le monde comme il va. Le droit de convenance, l'interêt et le capriſe influent ſouvent ſur les délibérations de cette grande aſſemblée. Et c'eſt ce qui arriva auſſi pour cette fois.

Cependant cet acte ſuffiſoit au Roi incliné d'ailleurs à la guerre, pour la commencer. Le Duc de York, alors Grand-Amiral d'Angleterre, envoya ſecrètement 14 vaiſſeaux de guerre ſous les ordres du Commandeur Holmes, ſur les côtes du Cap Verd et de la Guinée, où il prit presque toutes les fortereſſes Hollandoiſes avec beaucoup de batimens et de marchandiſes. Après cela il fit la conquête de la Colonie Hollandoiſe dans l'Amérique Septentrionale. C'eſt celle qui dépuis a reçu le nom de la nouvelle York. La nouvelle de ces hoſtilités ayant été aportée aux Provinces Unies, les Etats envoyèrent auſſi ſecrètement le Vice-Amiral de Ruiter, avec 12 vaiſſeaux de guerre ſur la côte d'Afrique. Il y reprit les places que Holmes avoit occupées, à l'exception d'une ſeule. Il ſ'empara aussi d'une forteresse des Anglois, et leur enleva beaucoup de navires et d'effets. Après cette expédition, il visita les Isles Angloises aux Indes Occidentales, où pareillement quantité de batimens lui tomba dans les mains.

Charles II. qui étoit déja préparé à la guerre, fit là-dessus assaillir et saisir des flottes entières de batimens marchands Hollandois. Et lorsque les Etats en firent des plaintes à la Cour Angloise, parceque cela s'étoit fait sans une déclaration de guerre, on allégua, pour colorer cette deprédation, les hostilités commises par de Ruiter; comme si celles-ci n'avoient pas été une suite naturelle des hostilités exercées auparavant par Holmes.

Les Etats étoient mieux armés dans cette guerre, que dans la précedante. Ils avoient des vaisseaux d'une plus grande dimension; de là leur succès en fut aussi plus grand. Et cette seconde guerre finit avec le triomphe de la flotte Hollandoise dans la Tamise, où elle détruisit le château de Sheerness, brula six grands vaisseaux de guerre, et en emmena deux.

La paix de Breda (en 1667) et la triple-alliance faite (en 1668) entre les deux parties et la Suéde, pour ſauver les Païs-Bas Eſpagnols envahis par la France, retablit l'amitié entre les ci-devant ennemis. Mais cette nouvelle amitié fut de peu de durée. Louis XIV, que cette triple-alliance avoit empêché d'éxécuter pleinement ſes deſſeins ſur les Païs-Bas Eſpagnols, réſolut de ſ'en venger ſur les Provinces Unies; quoique le projet et la première idée de cette ligue fût venu de l'Angleterre. A cette fin il ſ'efforça de rompre la triple-alliance; et Charles II. qui en avoit été le premier Moteur, fût auſſi le premier qui l'abandonna. Il ſe ligua avec la France pour le grand deſſein de détruire entièrement l'Etat des Provinces Unies.

Le motif qui l'y engagea, fut le projet de réduire la nation Angloiſe ſous le joug d'un gouvernement deſpotique; et pour ſ'en faciliter l'éxécution, d'opprimer auparavant la République des Provinces Unies, parcequ'elle ſeroit principalement auſſi bien inclinée que capable de ſecourir les Anglois pour la déſenſe de leur liberté. Il chercha donc la première opportunité pour une rupture.

En 1671, un Yacht du Roi d'Angleterre, ſortant de la Meuſe, et paſſant par la flotte des Etats qui étoit à l'ancre sur la côté, demanda, par un ordre secret du Roi, et donna le signal par deux coups de canon pour que toute la flotte baissât ses pavillons et ses voiles devant ce petit bâtiment. Le refus de cette demande aussi extravagante qu'injuste fut allégué par Charles II. comme une raison de faire la guerre aux Etats, sous prétexte d'une violation des droits de l'étendart royal.

Il commença la nouvelle guerre de la même manière que la précédante. Il fit saisir tous les bâtimens Hollandois que ses vaisseaux rencontrèrent en pleine mer, et arrêter ceux qui se trouvèrent dans les ports Anglois.

Mais bien que le sort des armes fût très-malheureux pour la République au continent, elle soutint son honneur comme une puissance maritime. L'Amiral de Ruiter, le plus grand homme de mer de son siècle, résista aux forces navales unies de l'Angleterre et de la France, avec tant de courage et de prudence, en quatre batailles (en 1672 et 1673) qu'elles ne pûrent se glorifier du moindre avantage sur lui. Il sauva heureusement l'Etat, dans une situation très-critique, du côté de la mer.

Charles II. finit bientôt une guerre, qui après que les motifs en furent connus, fut désaprouvée de la meilleure partie de la nation Angloise, par un traité de paix (en 1674). Dans la facheuse conjoncture où les Etats se trouvoient, ils étoient indispensablement obligés de recevoir la loi de lui, et particulièrement celle-ci, que tous leurs vaisseaux, singuliers et même des flottes entières, devoient baisser le pavillon et la voile du grand perroquet devant un ou plusieurs vaisseaux Anglois portans le pavillon royal, dans toute l'étenduë de la mer, depuis le *Cap de Finis terre* jusqu'au centre du païs de *Staten*, (le promontoire de Stat) en Norvege.

Mr. Burchett, ci-devant Secrétaire d'Amirauté, qui a écrit l'histoire navale d'Angleterre, a déterminé en vertu de cet article du traité de paix, les limites de la mer Britannique. Elles s'étendent, dit-il, à *l'Est*, jusqu'aux côtes de Norvege, de Danemarc, d'Allemagne, et des Païs-Bas; au *Sud*, le long de celles de France, et d'Espagne, jusqu'au Cap de Finis terre. D'ici, à 23 dégrés de longitude occidentale de Londres, il tire, pour fixer les limites à *l'Ouest*, une ligne jusqu'au 63me dégré de latitude septentrionale, et de là il la continuë jusqu'au promontoire de Stat en Norvege; et cette dernière ligne doit désigner les limites au *Nord*. Ainsi selon cette détermination, la mer Britannique contient, hors la mer d'Ecosse et d'Irlande, celle d'Allemagne, tout le Canal, la baye de Biscaye, avec une partie de l'Océan Atlantique et Septentrional.

On est tenté de demander ici, dans quelles archives la piéce originale est gardée, qui pourroit servir de preuve à cette immense étenduë des limites de la mer Britannique? Naturellement elles ne sont d'autres que les côtes d'Angleterre, d'Ecosse et d'Irlande, et la mer qui les environne, autant qu'elle peut être défenduë du côté de la terre. Mais ces limites, à ce que prétendent quelques Auteurs Anglois *), s'étendant jusqu'aux côtes mêmes de Norvege, de Danemarc, d'Allemagne, des Païs-Bas, de France et d'Espagne, elles n'ont pû être établies, que du consentement des Souverains propriétaires de ces vastes côtes.

Bientôt après la conclusion de la paix,

*) Seldeni Mare clausum Lib. II. c. 32. Burchett's complete History of the most remarkable Transactions at Sea B. I. ch. 12. p. 34.

les Etats firent un nouveau traité de commerce avec l'Angleterre (en 1674. 10. Dec.), où le commerce maritime, en tems de guerre, étoit très-éxactement déterminé. Des armes et toutes sortes de munitions de guerre y étoient déclarées contrebande, mais du bois pour la construction des vaisseaux, et tout ce qui d'ailleurs apartient à l'équipement des vaisseaux, y étoit expressement mis au nombre des marchandises permises; et du reste on y adopta la règle: *Le vaisseau libre rend les marchandises libres.*

Il est remarquable que ce traité étoit fait dans un tems où les Provinces Unies étoient en guerre avec la France. Les Anglois qui en préscrivoient les conditions, eurent ainsi la liberté de pourvoir les François de toutes sortes de munitions navales, et les Etats se virent, dans les conjonctures d'alors, obligés d'y acquiescer.

Peu après il s'éleva une contestation sur la liberté de naviguer d'un port ennemi à l'autre. Les Etats faisant encore la guerre à la France, ne vouloient pas permettre aux Anglois la navigation d'un port François à l'autre. Mais le Chevalier Temple, alors Envoyé d'Angleterre à la Haye, insista absolument sur cette liberté *). C'est de là que dans la declaration que les deux parties firent le 30me Dec. 1675, sur le sus-dit traité de commerce, cet article fut réglé conformement à la demande de Temple.

Ce Ministre fait là dessus la remarque; que bien qu'alors l'avantage de la libre navigation d'un port ennemi à l'autre fût du côté des Anglois, il pourroit par les changemens du tems et des conjonctures, être du côté des Hollandois. Temple jugea juste: mais comme nous verrons ci-dessous, les choses n'allèrent pas, le cas éxistant, de la manière qu'il avoit jugé.

La guerre durant encore entre la France et les Etats, ceux-ci firent (en 1678) une alliance defensive avec Charles II. en vertu de laquelle, en cas d'une attaque ennemie, il devoit assister les Provinces Unies de 10000 hommes d'infanterie et de 20 vaisseaux de guerre, et celles-ci s'obligeoient à lui donner un secours d'autant de vaisseaux de guerre et de 6000 hommes d'infanterie. Les deux parties promirent de se maintenir et conserver mutuellement l'un l'autre en la possession de tous les droits et

*) Sir William Temple's Letters Vol. III. p. 70.

franchiſes dont ils jouiſſoient, ou qui leur étoient ou ſeroient acquis, le tout pourtant dans l'étenduë de l'Europe ſeulement.

Il n'y avoit nul avantage pour les Etats dans cette alliance, parcequ'elle n'étoit faite que pour l'avenir. Mais la grande puiſſance et l'inimitié de Louis XIV. leur fit alors regarder toute ligue, et auſſi celle-ci, comme avantageuſe: quoiqu'ils ne puſſent eſpérer que Charles II, qui avoit ſi ſouvent fait et rompu avec eux des traités, accompliroit celui-ci plus religieuſement qu'il n'avoit fait par raport aux précédens. Dans le grand changement dépuis avenu, dans les affaires générales, cette alliance eſt devenuë très incommode aux Provinces Unies.

Sous le regne ſuivant de Jaques II. l'Angleterre étoit dans un danger imminent de perdre ſa liberté ſpirituelle et temporelle, parceque le Roi, très zèlé Catholique, vouloit rétablir ſa religion dans ſes Royaumes. Une grande partie de la nation Angloiſe ayant appellé à ſon ſecours le Prince d'Orange Guillaume III, alors Stadhouder de cinq des Provinces Unies, les Etats lui fournirent une flotte et des troupes, et effectuèrent par là une Révolution à jamais mémorable, la vraie époque de la liberté plénière des Anglois, et de leur heureuſe conſtitution.

Si la Reine Eliſabeth, a ci-devant conſervé, par ſon ſecours, la naiſſante République des Provinces Unies, celles-ci ont en récompenſe ſauvé, par leur aſſiſtance, l'Angleterre du joug ſpirituel et temporel qui la menaçoit. Ce ſont elles qui ont détourné la ſubverſion totale de ſes loix et de ſon gouvernement.

Cet important ſervice fit eſpérer aux Etats quelques avantages dans le commerce, et ſurtout la révocation de l'Acte de Navigation qui lui étoit ſi préjudiciable. Mais ils n'en obtinrent rien. La vertu de la reconnoiſſance n'eſt pas un titre dans le vaſte Code de la Politique, d'où l'on pourroit deduire le droit d'éxiger, ou l'obligation de donner une récompenſe pour une bonne oeuvre.

Le nouveau Roi d'Angleterre Guillaume III demeura Stadhouder des cinq provinces, deſquelles il l'avoit été auparavant. Par-là la République tomba dans une dépendance presqu'entière de l'Angleterre. La dignité royale donna plus de relief à celle de Stadhouder, et il fit uſage de ſon pouvoir, ſelon l'éxigence des affaires de l'Angleterre.

Cette dépendance continua après ſa mort autant que la guerre de la Succeſſion d'Eſpagne dura; les forces de terre et de mer de la République étoient ſous les ordres des Généraux et Amiraux Britanniques; et après une guerre heureuſe et glorieuſe, les Anglois lui enlevèrent les fruits de la victoire.

Il eſt vrai que la Reine Anne fit en 1709 une nouvelle alliance avec les Etats. Ceux-ci y promirent la garantie de la Succeſſion de la maiſon Electorale de Brounsvic-Lunebourg à la Couronne d'Angleterre, comme elle étoit établie par le Parlement (en 1701). En échange la Reine ſ'obligea de procurer aux Etats, dans le futur traité de paix, une ſuffiſante barrière contre la France, conſiſtante en une vingtaine de places, pour la plûpart très fortes dans les Païs-Bas Eſpagnols, où ils auroient le droit de mettre des garniſons de leurs troupes. De plus tous les revenus des villes et places qui étoient ou ſeroient priſes au Roi de France, leur devoient être laiſſés, avec le haut quartier de Gueldres qui leur ſeroit cédé en propriété.

Mais l'administration des affaires publiques et du gouvernement, étant en Angleterre, (en 1710) tombée des mains des *Whigs*, où elle avoit été jusque-là, dans celle des *Tories*, ce changement de Ministres produisit aussi un grand changement dans les sentimens de la Reine envers tous ses alliés, et particulièrement envers les Etats. La fantaisie avoit pris à la Reine et à ses nouveaux Ministres, de mettre après sa mort sur le thrône de la Grande Bretagne, le fils, vrai ou prétendu, de Jaques II, communément nommé le Prétendant. Cette chimère qu'ils s'étoient mise dans la tête, leur rendoit la paix avec la France nécessaire, et de plus, une telle paix qui ne diminuât pas trop la puissance du Roi de France, parcequ'elle pourroit coopérer à l'éxécution du dessein concernant le Prétendant. C'est à ce dessein secret que les avantages de toutes les Puissances alliées, et en particulier ceux des Etats furent sacrifiés.

C'étoit aussi de là, que la Reine et ses Ministres, ne voulurent plus reconnoître la validité du traité fait avec les Etats en 1709. Ils les contraignirent plûtôt à une nouvelle convention (en 1713) qui les privoit de presque tous les avantages qui leur avoient été promis dans le traité de 1709.

La très-importante place de Gibraltar étant en 1704, conquise par les forces combinées de l'Angleterre et des Etats, la Reine avoit déclaré que pour la possession de cette forteresse, elle en conviendroit avec les Etats. Mais cela fût entièrement oublié dans la paix d'Utrecht. L'Angleterre se fit céder Gibraltar à elle seule, et de même elle stipula pour la nation, par le traité d'Assiento, le commerce des Negres dans l'Amérique Espagnole, et la liberté d'y envoyer annuellement un navire avec des marchandises. Les Hollandois n'obtinrent le moindre avantage pour leur navigation et leur commerce.

Aux négociations de paix, les Ministres Anglois ne daiguèrent les demandes des Etats d'aucune considération. Ils s'en moquèrent. Même dans les eaux et marais des Provinces Unies, ils cherchèrent des emblêmes de raillerie et de mépris. Dans leur correspondance, ils designoient les Etats sous le nom de *Grenouilles* *) La petulance la plus effrenée peut-elle aller

*) Lamberty Mem. Tom. VII. p. 250.

plus loin, même chez des peuples grossiers? et n'étoit-ce pas la dernière violation de tout ce qu'on appelle bienséance chez des hommes polis, envers une nation alliée et puissante, qui pendant la guerre avoit entretenu une armée de 130000 hommes, et une flotte de 50 vaisseaux de guerre, et qui y avoit dépensé 600 millions?

Pour tout cela elle n'eut rien. Elle n'avoit fait la guerre que pour l'Angleterre. Car celle-ci seule tira tout l'avantage de l'heureux succès des armes. A la République il ne resta que les dépenses et les dommages. C'étoit une Société Léonine.

La famille des Stuarts qui avoit toûjours été ennemie des Provinces Unies, étant éteinte par la mort de la Reine Anne, (en 1714) et celle de Brounsvic-Lunebourg montée sur le thrône, les Etats espérèrent d'être en meilleurs termes avec la nouvelle maison royale, d'autant plus qu'ils regardoient son élévation, en quelque manière, comme leur ouvrage, parcequ'elle étoit une suite de la Révolution. Aussi montrèrent-ils à chaque occasion, beaucoup de déference envers elle, et devinrent par là de nouveau fort dépendans de l'Angleterre.

Ils renouvellèrent en 1716 avec George I. l'alliance de 1678, et furent après cela engagés dans tous les traités que la Grande-Bretagne, selon l'éxigence de ses affaires, faisoit avec d'autres Puissances. Ainsi ils étoient (en 1717), une partie contractante dans la ligue de George I. avec la France. Ils accédèrent en 1726 au traité d'Hannovre, et en 1729, à celui de Seville. Ils prirent aussi part à l'alliance conclue en 1731 à Vienne entre l'Empereur Charles VI. et le Roi George II. Les conjonctures d'alors les y déterminèrent.

Ce dernier traité étoit presque le seul de tous qui leur promettoit un avantage immédiat, parceque la conséquence en étoit l'abolition de la Compagnie des Indes Orientales établie par Charles VI. à Ostende, qui leur avoit donné infiniment du dépit et de l'ombrage.

En recompense, ils s'étoient obligés à la garantie de la sanction Pragmatique, ce qui les engagea dans une facheuse et malheureuse guerre, dans laquelle aussi bien qu'aux suivantes négociations de paix, tout fût réglé selon la volonté de la Cour Britannique.

Lorsqu' après la paix d'Aix la Chapelle,

ſur l'avis d'un certain Miniſtre Hannovrien alors fort accrédité, l'élection d'un Roi des Romains, fût miſe ſur le tapis, et que le Roi George II. pour faciliter, fit en 1750 et 1751 des traités de ſubſide avec les Electeurs de Bavière et de Saxe; la complaiſance des Etats alla ſi loin, qu'ils y prirent auſſi part, et payèrent un tiers des ſubſides, quoiqu'ils ne retiraſſent ni même eſpéraſſent le moindre avantage de ces traités; ce qui prouve bien la puiſſante influence de la Cour Britannique ſur le gouvernement des Provinces Unies.

Depuis quelque tems il y avoit eu un mémorable changement dans le ſyſtême des affaires générales de l'Europe. Après la paix des Pyrenées, (en 1659) la France avoit été la première Puiſſance de cette partie du monde, et dans les Provinces Unies, on l'avoit regardée comme leur plus dangéreuſe voiſine. C'eſt pourquoi les Etats ayant tout à craindre de Louis XIV., s'étoient ligués avec d'autres Puiſſances, et après la Révolution, le plus étroitement avec l'Angleterre. Mais la puiſſance de la France ayant ceſſé d'être ſi eminemment formidable, la diffidence et l'inimitié ancienne ceſſa auſſi dans la République, et l'inclination y devint peu à peu plus forte envers la France, qu' envers l'Angleterre. Car celle-ci par ſes forces navales, par ſon commerce très étendu et par ſes colonies et établiſſemens dans les deux Indes, étoit devenuë une voiſine non moins formidable et dangéreuſe, que n'avoit été autrefois la France. Hors de cela tout le commerce des Provinces Unies avec l'Angleterre, étoit presque anéanti par l'Acte de Navigation, et à l'encontre celui de la France leur étoit très-profitable, étant favoriſé dans ce Royaume par pluſieurs priviléges et franchiſes.

Tout cela produiſit naturellement dans les Provinces Unies, une jalouſie et une averſion envers les Anglois. Néanmoins elles ne l'ont jamais pouſſé jusqu'à agir par des voyes de fait ou à faire des alliances contre eux; elles laiſſèrent plûtôt les choſes aller le train qu'elles avoient une fois pris à l'avantage de cette nation. Mais à chaque occaſion et ſurtout dans ſes guerres, elle a troublé elle-même la navigation et le commerce des Hollandois, et aliéné, par des violences et des contraventions manifeſtes aux traités, les eſprits de leurs anciens amis et alliés.

En 1739 la guerre fût declarée entre

l'Espagne et la Grande-Bretagne, et en 1744 entre celle-ci et la France. Cette dernière rupture se fit à l'occasion de la grande dispute sur la Succession de Charles VI. à laquelle les Etats (dépuis 1742) avoient aussi pris part, et envoyé leurs troupes auxiliaires aux armées Autrichienne et Britannique qui combatoient contre la France. Au reste ils demeurèrent neutres, et les Hollandois continuèrent, comme auparavant, leur commerce avec la France, la quelle y connivoit. Les Anglois au contraire leur prirent, tantôt sous ce prétexte, tantôt sous un autre, un si grand nombre de navires, avec leurs cargaisons, qu'à la fin de la guerre les Negocians Hollandois comptoient leurs pertes a 18 Millions.

Ce fût encore bien pis dans la guerre suivante qui survint en 1755 entre la France et la Grande-Bretagne dans l'Amérique Septentrionale. Les Marchands Hollandois se servirent de l'occasion qui s'offroit, de transporter les produits des Isles Françoises dans les Indes Occidentales aux ports de la France, et les denrées et marchandises Françoises de ceux-ci aux dites Isles; à quoi ils se croyoient parfaitement autorisé par le traité de commerce fait en 1674 avec l'Angleterre, et par la déclaration donnée là-dessus en 1675: car il y étoit expressement permis tant de charger des effets ennemis, que de les transporter d'un port ennemi à l'autre.

C'étoit justement ce que les Anglois avoient fait eux-mêmes en 1675 et les années suivantes pendant que la guerre des Provinces Unies contre la France duroit.

Présentement, les Hollandois étant dans le même cas, les Anglois ne vouloient pas reconnoître la validité de cet article. C'étoit, disoient-ils, vouloir faire le commerce des François sous couleur de la Neutralité, et le protéger contre les vaisseaux de guerre et les armateurs Anglois. Ceux-ci saisirent donc un nombre infini de navires Hollandois venans des Indes Occidentales, et même des Colonies que la République y possédoit. Bien que ces batimens ne fussent pas tous destinés pour les pórts de la France, mais en partie pour ceux des Provinces Unies, les armateurs n'y firent point de distinction. Ils les prirent tous, et de même les batimens Hollandois qui naviguoient de la France ou des Provinces Unies aux Indes Occidentales. Et qui plus est, ils n'épargnèrent pas ceux qui alloient en Espagne, en Portugal et dans les autres païs neutres, ou en revenoient. Hors de tout cela beaucoup de vaisseaux que les armateurs Anglois, faute de prétexte, ne pouvoient saisir, furent par eux pillés, et les équipages, pour en extorquer de telles confessions que les corsaires désiroient, le plus cruellement traités.

Il fût publié en Hollande des listes très-longues de batimens marchands pris ou pillés par les Anglois dans les deux années 1757 et 1758 seulement. Le nombre de ces derniers se montoit à cent, et le dommage qu'ils avoient souffert, à 439190 florins de Hollande.

On est étonné en lisant les récits de la violence des corsaires Anglois dans le pillement ou saisissement des vaisseaux, et de l'injustice des Cours d'Amirauté, dans le long délai et l'iniquité de leurs sentences*).

Toutes les représentations et plaintes qu'on faisoit là-dessus, étoient en vain. On parla enfin dans les Provinces Unies de re-

*) *Voyez* Mémoires pour servir à l'histoire de notre tems, par raport aux dissentions présentes entre la Grande-Bretagne et la République des Provinces Unies, au sujet des dépredations Angloises sur mer. à Francfort et à Leipzig 1759. 2 Volumes en 8.

préſailles: mais il ſ'en ſuivit la déclaration menaçante du Miniſtère Britannique, „qu'en „cas que la Province de Hollande ou les vil„les commerçantes y ſituées, pour la pré„tenduë protection de leur commerce, „équipaſſent et miſſent en mer 18 jusqu'à „25 vaiſſeaux de guerre (ce qu'elle n'étoit „pas en droit de faire, en vertu de leur „union avec les autres provinces) on traite„roit ces vaiſſeaux comme des pirates, et „que ſi les Etats Généraux équipoient à „cette fin une flotte, on regarderoit cela „comme une déclaration de guerre.“ C'étoit de ce langage inſolent et inuſité parmi des nations libres et indépendantes qu'on ſe ſervit en Angleterre pour éluder les juſtes demandes des marchands Hollandois. Ils eſtimèrent leurs pertes à 100 millions, mais ils n'en eurent aucune ſatisfaction *).

Le ſoulévement des Colonies Angloiſes dans l'Amérique Septentrionale, fit naître une nouvelle guerre entre la Grande-Bretagne et la France, parceque celle-ci ſecouroit les révoltés, et les avoit reconnu pour indépendans. Cette guerre commen-

*) *Voyez* la Liberté de la Navigation et du Commerce des Nations neutres pendant la guerre. p. 198. *et ſuiv.*

ça sans une déclaration formelle, et néanmoins les vaisseaux de guerre et armateurs Anglois prirent un grand nombre de batimens marchands neutres, sous le prétexte usité de marchandises de contrebande ou ennemies.

Les Envoyés de Dannemarc, de Suède, de Prusse, de Russie et des Etats Généraux en firent des plaintes. Plusieurs de ces navires furent là-dessus rendus avec dépens et dommages, mais on retint les marchandises de contrebande en les payant aussi bien que le frêt. On en usa ainsi, „parce„que les frêteurs de ces batimens n'avoient „pas été instruits de la rupture:" mais on ajouta „qu'à l'avenir cette raison ne pour„roit plus être valide."

Au nombre des marchandises de contrebande, les Anglois mettoient non seulement les armes et les munitions de guerre, mais aussi le bois pour la construction des vaisseaux et tous les autres matériaux proprès pour leur équipement: quoique d'ailleurs les munitions navales soient selon l'usage reçu en Europe des marchandises permises, si dans des traités particuliers elles n'en sont pas exceptées.

Dans le traité de commerce fait en 1674

entre l'Angleterre et les Provinces Unies, il y est expressément rangé parmi les marchandises licites, *chanvre, lin, toutes sortes de poix, cordages, voiles, ancres, mâts, planches, poutres et bois travaillé de toutes espèces d'arbres, et ce qui peut servir à construire des vaisseaux, ou à les radouber.*

Tout cela non obstant, les Anglois prirent tous les batimens Hollandois chargés de munitions navales. Celles-ci furent à la vérité payées, mais, selon les plaintes que les propriétaires en firent, à un prix arbitraire. Hors de cela les Corsaires assaillirent aussi d'autres vaisseaux Hollandois, et y éxercèrent souvent des violences énormes, comme ils avoient fait dans la guerre précédente.

Sur les plaintes continuelles des negocians, des propriétaires et Maîtres des vaisseaux; les Etats Généraux résolurent de faire convoyer leurs batimens marchands par des vaisseaux de guerre.

Mais les affaires étant dans cette situation, le Chevalier Yorke, Ambassadeur de la Grande-Bretagne y intervint, et pour faire changer les Etats de résolution, il allégua dans un mémoire qu'il leur remit, les raisons qui les y devoient déterminer. „Il

„ſe flatta, diſoit-il enfin, qu'ils n'autori-„ſeroient point leurs ſujets de tranſporter „ſous convoi en France des munitions nava-„les;“ ou en d'autres termes: il demanda que les Etats ſe relachaſſent ſur l'article du traité ſusdit, qui permet le tranſport de telles marchandiſes à des places ennemies. La conſéquence en étoit une déclaration des Etats que les batimens en chargés, n'auroient pas à jouir de la protection des vaiſſeaux de guerre.

Cette complaiſance dont la véritable raiſon étoit le déſir de prévenir des tracaſſeries avec les Anglois, déplût à la Cour de France. Elle regarda la déclaration des Etats comme inconſiſtante avec une éxacte neutralité, parcequ'elle lui étoit préjudiciable et favorable à ſon ennemi. Louis XVI. révoqua donc à l'égard des Sujets de la République non ſeulement les avantages annoncés par ſon Ordonnance concernant le commerce et la navigation des batimens neutres, mais par un nouveau réglement, il aſſujettit auſſi les navires des Provinces Unies à quelques droits dont ils avoient d'ailleurs été libres dans le Royaume *).

*) *Voyez* la Liberté de la Navigation et du commerce des Nations neutres pendant la guerre

La navigation et le commerce des habitans des Provinces Unies souffrit de là tant du côté des François que de celui des Anglois. Les plaintes fréquentes et souvent réitérées que les Negocians en firent, portèrent enfin les Etats Généraux à la résolution (26 Avr. 1779) de donner indistinctement des convois aux batimens marchands, et de faire équiper à cette fin 32 vaisseaux de guerre et fregattes. L'effet en étoit une déclaration du Roi de France par laquelle le dernier réglement si préjudiciable au commerce des habitans des Provinces Unies fût revoqué.

Mais les Anglois furent d'autant plus irrités par cette résolution des Etats. Ils poussèrent donc leur entreprises plus loin.

Non seulement ils saisirent les batimens Hollandois chargés de munitions navales, mais ils en confisquèrent les cargaisons. Et lorsque les Etats firent partir le Contre-Amiral, Comte de Byland, avec trois vaisseaux de guerre et deux fregates pour escorter 17 batimens marchands destinés pour la France, il fût attaqué (1780. 1er Janv.) par le Commandeur Anglois Fielding, vé-

p. 206 — 210, où tout cela est plus amplement détaillé.

nant à ſa rencontre avec cinq vaiſſeaux de guerre et trois fregates, et forcé à mettre bas ſon pavillon. Quelques uns des batimens marchands ſ'en étoient allés dans la nuit, les autres furent emmenés à Spithead et déclarés de bonne priſe.

C'étoit une réelle hoſtilité qui autoriſoit parfaitement les Etats à en venir auſſi aux voyes de fait, et à repouſſer la force par la force.

Il ſemble qu'en Angleterre, on avoit formé le projet de ſe dedommager, en tout cas, de ce qu'on pourroit peut-être perdre dans l'Amérique Septentrionale et dans les Indes Occidentales, aux dépens de la République des Provinces Unies, par ſes poſſeſſions dans les deux Indes.

On connoiſſoit trop bien ſa préſente foibleſſe, ſa marine dépérie, et ſes établiſſemens dans les autres parties du monde presque ſans défenſe. Tout cela conſideré, on ne craignoit aucun danger d'une démarche, par laquelle on ſe feroit un nouvel ennemi, parce qu'on le mépriſoit. On en eſpéroit plûtôt des avantages conſidérables. On réſolut donc de lui faire la guerre. Mais à cela il falloit une cauſe juſtificative ou du moins un prétexte. Il eſt donc vraiſſemblable qu'en attaquant le Comte de Byland, et violant, comme les vaiſſeaux de guerre et les armateurs Anglois avoient fait plus d'une fois, le territoire de la République, tant en Europe qu'en Amérique, on a eu le deſſein de pouſſer les choſes à l'extrémité, et de forcer par-là les Etats à quelque acte de vigueur.

Mais ceux-ci y étant auſſi peu inclinés que préparés, ſe contentèrent de faire des repréſentations et des plaintes ſur tous ces griefs. A peine daignoit-on leur faire une réponſe ſérieuſe. La raiſon de l'attaque du Comte de Byland, diſoit-on, avoit été, qu'il n'avoit pas voulu permettre la viſite des vaiſſeaux. On fit à ſon tour un grief du refus de l'aſſiſtance à laquelle les Etats étoient obligés par l'alliance de 1678. Les Anglois avoient déja demandé cette aſſiſtance, et les Etats y opposé la non éxiſtence du *Caſus foederis*.

Après tout ce qui ſ'étoit paſſé entre les deux nations, l'Ambaſſadeur Anglois inſiſta ſur une réponſe ſatisfaiſante dans l'eſpace de trois ſemaines, et celle-ci n'étant pas donnée pendant le terme préfix, il ſ'en ſuivit le 17me Avril 1780 une déclaration du Roi, en vertu de laquelle „tous les traités

„ſubſiſtans jusqu'ici entre la Grande-Bretag-„ne et les Etats concernant la libre naviga-„tion et le commerce des ſujets de la Ré-„publique en tems de guerre, et particuliè-„rement le traité de marine de 1674, fu-„rent proviſionellement ſuſpendus, de ſor-„te que les Provinces Unies, devoient ſim-„plement être traitées comme neutres, ſe-„lon les principes généraux du Droit des „Gens."

C'étoit un coup terrible pour leur navigation et leur commerce. Le traité de 1674 étoit fait ſur le principe: *Le vaiſſeau libre rend les marchandiſes libres*, et les munitions navales y étoient expreſſément miſes au nombre des marchandiſes licites. Ce traité étant ſuſpendu, on en tiroit en Angleterre la conſéquence, que maintenant non ſeulement les munitions navales étoient du nombre des marchandiſes de contrebande, mais auſſi qu'à l'égard des batimens marchands des Provinces Unies, l'ancienne règle devoit être miſe en pratique, ſelon laquelle, des effets ennemis chargés à bord neutre ſont confiſcables. Il eſt vrai que les Puiſſances maritimes belligérantes en uſent ainſi envers les neutres avec lesquels ils n'ont pas fait des traités de commerce:

mais c'eſt par une manifeſte injuſtice qui, comme une coûtume irraiſonnable, eſt déja abolie *).

Dépuis cette demarche de la Cour Britannique, aucun batiment Hollandois ne pouvoit paroître dans la mer, qui ne fût ſaiſi par des vaiſſeaux de guerre ou des corſaires Anglois. Les Cours d'Amirauté déclaroient les cargaiſons de bonne priſe, ou parcequ'elles étoient propriété Françoiſe ou Eſpagnole, ou qu'elles conſiſtoient en munutions navales. Toute fois la proçédure n'y étoit pas toujours ſi nette, que la ſentence de condamnation ne paſſât quelque fois ſur des batimens, dont les cargaiſons étoient bien innocentes. On favoriſa les Armateurs, et on ne conſidéra pas avec une attention aſſez ſcrupuleuſe, les preuves et les raiſons des propriétaires, parcequ'on les regardoit comme des ennemis ſecrets, envers lesquels il ne falloit pas peſer ſi éxactement le droit. Les Juges de Port-Mahon furent particulièrement accuſés de beaucoup d'injuſtices. De cette manière les brouilleries entre la Grande-Bretagne et

*) *Voyez* la Liberté de la Navigation et du commerce des Nations neutres, p. 43, 44, 96, 97, 118, 122, 239. *et ſuiv.*

les Etats s'acheminoient de plus en plus vers une rupture formelle. Mais cependant la Russie, la Suéde et le Danemarc avoient pris la résolution de mettre en mer un nombre considérable de vaisseaux de guerre, pour la protection de leur commerce maritime troublé par les Belligérans; et à cette fin ces trois Puissances firent entre elles une alliance, qui fût appellée la *Neutralité armée.*

Les Etats Généraux des Provinces Unies, furent aussitôt (le 3me Avril 1780) invités par l'Impératrice de Russie à faire cause commune avec elle, et dans les conjonctures présentes, rien ne sembloit être si avantageux à la République qu'une ligue avec la Russie et les autres Puissances de la Neutralité armée; mais tant la crainte d'être brouillée encore davantage avec l'Angleterre, que la discorde et la differente façon de penser des Provinces, et enfin la lenteur des déliberations ont été la cause, qu'on ne pouvoit pas venir là-dessus à une résolution. Pour gagner du tems, on recourut à un expédient, qui fût, d'envoyer une Ambassade extraordinaire à St. Petersbourg, pour débrouiller l'affaire, et pour stipuler la garantie des possessions de la République dans les Indes Orientales et Occidentales. C'étoit une demande, qui vraisemblablement ne seroit pas accordée, et qui ne pouvoit pas manquer d'embarasser la négociation.

Dans ces entrefaites, la résolution étant déja prise en Angleterre de rompre avec les Etats, on y joignit le dessein de les exclure par-là de la neutralité armée; et un événement singulier et imprévu fournit un prétexte et d'accélerer la rupture et de la colorer.

Les Anglois prirent un pacquet-bot Américain à bord duquel étoit Mr. Laurens, ci-devant Président du Congrès des Etats Unies de l'Amerique Septentrionale. Parmi ses papiers on trouva un traité de commerce des Provinces Unies avec les Etats Américains. Le Roi de la Grande-Bretagne en fit aussitôt (le 10 Nov. 1780) faire des plaintes. Les Etats répondirent, qu'ils ignoroient absolument ce traité, et qu'ils ne le reconnoissoient point du tout. La seule inspection du papier confirma la vérité de la réponse.

Il portoit ce titre: *Project préliminaire d'un traité de commerce qui doit être conclu entre leurs Hautes Puissances les Etats des sept Provinces Unies de la Hollande, et les treize Etats Unies de l'Amérique Septentrionale, et en cas que l'Angleterre les déclare indépendans et libres, présenté à leurs Hautes Puissances pour le confirmer.*

Le traité contenoit trente quatre articles, et à la fin on lisoit cette apostille: *Celle-ci est l'ébauche cruë d'un traité de commerce; que, suivant la commission et instruction donnée par Mr. Engelbert François de Berkel, Conseillèr-Pensionnaire *) de la ville d'Amsterdam, à moi Jean de Neufville, Bourgeois de la dite ville d'Amsterdam, j'ai examiné, consideré et réglé avec Guillaume Lée Ecuyer, Commissaire du Congrès, comme un traité de commerce que leurs Hautes Puissances, les Seigneurs Etats des sept Provinces Unies de la Hollande **) peuvent bien conclure avec les Etats Unies de l'Amérique Septentrionale. Fait à Aix la Chapelle le 4me Sept. 1778.*

JEAN DE NEUFVILLE.

*) Ou plûtôt *Pensionnaire* tout simplement. Le titre de *Conseiller-Pensionnaire*, ne convient qu'au Pensionnaire de la Province de Hollande.

**) Ce titre inusité dont l'auteur s'est par toût servi dans ce projet, prouve bien qu'il n'a pas été homme d'Etat, et qu'il a été peu versé dans ces sortes d'affaires.

Ainſi les Etats Généraux, comme il paroît clairement du titre et de l'apoſtille de cette ébauche, n'y avoient pas eu la moindre part. Cependant ſur les plaintes de la Cour Britannique, les Etats de Hollande, demandèrent aux Magiſtrats d'Amſterdam le rapport de ce fait, maintenant devenu ſi important. Ceux-ci ne le nièrent pas, et pour le juſtifier, ils dirent qu'ils avoient agi ainſi par un motif de zêle pour la future proſpérité de l'Etat, ce qu'en conſidérant la jalouſie des voiſins, ils crurent de leur devoir.

Là-deſſus l'indignation de la Cour Britannique ſe tourna contre les Magiſtrats d'Amſterdam, et elle demanda leur châtiment pour une ſi grande offenſe.

Les Etats Généraux trouvant des difficultés à prendre une réſolution dans une affaire de cette nature ſingulière et délicate, d'autant plus que ſelon la conſtitution de la République, les Etats de la Province de Hollande, étoient le Souverain de la ville d'Amſterdam. Ceux-ci jugèrent donc à propos de demander l'avis de la Cour de Hollande ſur la queſtion: Si les Auteurs de la ſus-dite ébauche avoient commis un crime contre l'Etat et en étoient punissables?

Mais avant que cet avis, et par conséquent la déclaration des Etats sur la punition des coupables pût être donnée, l'Ambassadeur Anglois insista le 12me Dec. 1780, dans un mémoire menaçant, sur une réponse immédiate et satisfaisante.

En Angleterre on connoissoit la constitution de la République des Provinces Unies trop bien pour ignorer, que de telles affaires épineuses ne pouvoient pas être démêlées dans un ou deux jours. Mais on avoit ses raisons demander une réponse si prompte.

Les Etats qui avoient retardé si longtems leur résolution sur l'accession à la neutralitée armée, pressentirent assez clairement, que le ton sérieux et la chaleur avec laquelle la Cour Britannique pressa premièrement l'affaire du secours, et puis après celle du projetté traité de commerce, visoient à une rupture prochaine et formelle. Ils prirent donc enfin (le 20 Nov. 1780) la résolution d'accéder sans delai à la neutralité armée. Ils envoyèrent aussi à leurs Ambassadeurs à la Cour de Russie l'ordre de conclure incessamment le traité.

Après cela, ils vouloient notifier à la Cour Britannique cette accession, et pour cet effet faire remettre leur résolution prise là-dessus à son Ambassadeur, avec une excuse du retardement de leur réponse à la demande du chatiment des Auteurs du projetté traité de commerce avec les Américains Septentrionaux. Mais l'Ambassadeur refusa de recevoir ces écrits. Là dessus les Etats les envoyèrent au Comte de Welderen, leur Envoyé à Londres. Mais ils n'y furent pas reçus non plus.

Car la Cour Britannique avoit cependant aussi accéleré sa dernière démarche pour exécuter son dessein pris il y a longtems de faire la guerre aux Etats. Déja le 16 Dec. 1780, l'ordre fût expédié à l'Ambassadeur, Chevalier Yorke, de partir de la Haye sans prendre congé. Mais les vents ayant été contraires, il ne reçut cet ordre que le 23me, et il l'éxécuta incessamment. Trois jours avant, (le 20me Dec.) il avoit été publié à Londres une déclaration du Roi, contenant une longue énumération des griefs qu'il avoit à la charge des Etats; et le même jour, des représailles furent ordonnées contre les vaisseaux et effets Hollandois.

Le motif de l'accélération de ces mesures violentes, étoit celui d'effectuer par-là, que l'accession des Etats à la neutralité armée ne fût pas acceptée, parcequ'après la déclaration des représailles, ils ne pourroient être considérés que comme une partie belligérante.

Cette accession a néanmoins été agrée de la Cour de Russie, et la convention là dessus signée le 5me Janvier 1781.

C'est de cette manière, que la guerre s'est allumée entre la Grande-Bretagne et les Provinces Unies. Le projet d'un traité de commerce des Amsterdamois, et la satisfaction non pas absolument refusée, mais retardée par des raisons importantes et fondées sur la constitution même de la République, ont servi à la politique Angloise pour colorer les hostilités contre les Etats Généraux.

Ceux-ci étoient tout à fait innocens de ce qui concerne le projet en question. Ils ne l'avoient ni fait ni y avoient consenti, et n'en avoient pas même eu la moindre connoissance. Ils le désavouèrent plûtôt et le désaprouvèrent, dès qu'il leur fut connu. Comment donc leur demander satisfaction, pour une affaire qui s'étoit faite à leur insû et sans leur participation?

Suivant la demande des Anglois, cette satisfaction devoit consister dans le châtiment des Auteurs du projet, par lequel la Couronne de Grande-Bretagne étoit offensée et injuriée. La question sera donc, s'il y a ici une vraie et actuelle offense et injure?

Celles-ci supposent des faits ou des entreprises injustes, par lesquels ou la personne, les droits, la dignité ou l'honneur de quelqu'un, ou sa propriété, ses biens et ses possessions sont attaqués et lésés. Cela regarde autant les Souverains, les Nations et les Etats, que les particuliers. Selon cette notion Messieurs d'Amsterdam seroient en vérité fort à blamer, si publiquement et en face de toute l'Europe (ce qui pourtant selon la constitution de la République est une impossibilité,) ils avoient actuellement conclu et ratifié un traité de commerce avec les Etats Unies de l'Amérique Septentrionale, qui jusque là par aucune Puissance Européenne, la France seule exceptée, n'étoient reconnus indépendans, et qui sont encore continuellement regardés de la Grande-Bretagne comme ses sujets

En ſaiſant cela, les Amſterdamois auroient attaqué et lèſé l'honneur, la dignité et les droits de la Couronne, et les domaines et poſſeſſions de de l'Empire Britannique, et par-là ils ſe ſeroient inconteſtablement rendus coupables d'une grande offenſe envers cette Puiſſance.

Mais rien de tout cela ne ſ'eſt fait. Le traité pour lequel les Anglois demandoient un ſi rigoureux châtiment des Auteurs, n'eſt, comme l'apoſtille même le fait clairement voir, qu'une *cruë ébauche* qui ne devoit devenir un traité actuel, qu'en cas que l'Angleterre reconnût les Américains Septentrionaux indépendans et libres. Si ce cas n'arrive pas, l'ébauche eſt un fruit verd qui ſe flétrit et pourrit. Mais ſ'il arrive, qui pourra alors empêcher les Etats des Provinces Unies de faire un tel traité? Ce ſeroit en ce cas là, une choſe parfaitement juſte et permiſe. Et c'eſt ce que les Amſterdamois ont ici ſuppoſé. Sans cette condition, le traité ne pouvoit abſolument parvenir à ſon éxiſtence réelle.

De plus, le projet du traité n'a pas été fait publiquement, mais fort ſecrétement, et le Secret gardé très-ſoigneuſement; ce qui eſt une forte preuve qu'il n'y a eu ici aucun propos de blesser l'honneur et la dignité de la Couronne Britannique. Aussi ce projet ne lui a-t-il rien enlevé de ses domaines, possessions et droits; et en un mot. il n'a pas eu des suites désavantageuses pour l'Empire Britannique. Tout cela étant considéré, on ne trouvera dans ce projet rien qui pût être nommé une vraie offense, et qui méritât un châtiment.

Tout ce qu'on pourroit en déduire, seroient ces deux conséquences: I^mo^ les Auteurs de l'ébauche du traité ont cru le cas possible, que le projet viendroit un jour dans son accomplissement; II^do^ ils ont probablement souhaité l'existence de ce cas, et par conséquent le malheur des armes Britanniques; ce qui marquoit des intentions moins favorables envers l'Angleterre.

Pour la *première* conséquence, j'y remarque qu'un jugement, vrai ou faux, sur la possibilité d'un evènement futur, qui pourroit être désavantageux à quelqu'un, n'est pas un crime. En Angleterre même il y a beaucoup de gens, et parmi eux plusieurs de ceux qu'on nomme des Patriotes, qui ont cru le cas possible, que les Colonies se soutiendroient dans leur indépendance. Ils ont pour cela dans les assemblées nationales, proposé un accommodement avec elles, et même défendu la justice de leur cause. Or ceux-ci n'étant pas punissables pour un tel jugement selon les loix d'Angleterre; selon quelles loix des étrangers doivent-ils donc être punis, pour en avoir jugé de la même manière?

En considérant la *seconde* conséquence, on pourroit demander, si les Anglois peuvent bien espérer qu'une nation, dont ils ont dans les guerres passées, et dès le commencement de la présente, troublée le commerce maritime, par des violences continuelles, et contre la teneur des traités très-clairs, sans faire aucune attention à ses justes plaintes, et sans lui avoir donné la moindre satisfaction, pour ses énormes pertes: on pourroit, dis-je, demander, si les Anglois peuvent bien espérer qu'une telle nation souhaitât le succès de leurs armes? peuvent ils attendre de cette nation qu'elle leur soit attachée avec une sincère amitié, et qu'elle ait de bonnes intentions pour eux? C'est ce qu'on ne sauroit concevoir, à moins qu'on ne veuille admettre le paradoxe: que par des violences et des coups très-sensibles, on peut se faire des amis.

Il est vrai, que Messieurs d'Amsterdam

ont agi un peu trop précipitamment à projetter le traité de commerce en question, et ſans avoir conſidéré la rélation de la République à l'Angleterre. Mais ceci eſt une affaire purement domeſtique, qui ne touche pas un troiſième. Les Etats de la Province de Hollande ont eux ſeuls le droit d'en connoître.

Le projet du traité de commerce, qui eſt allégué, comme la cauſe principale des repréſailles, ne prouve, tout au plus, que des intentions moins favorables des Amſterdamois envers l'Angleterre. Mais jusqu'ici il n'a pas été uſité en Europe, de faire la guerre à une nation, pour une telle raiſon. Si cela étoit, les Anglois auroient dû il y a longtems faire la guerre à toutes les nations commerçantes de l'Europe. Car elles ont toutes des intentions moins favorables envers eux, et cela, pour tant d'offenſes et de violences, qu'elles en ont ſouffertes dans les guerres paſſées. Et même dès le premier inſtant de la préſente, hors les Hollandois, auſſi les Danois, les Suédois, les Pruſſiens, les Ruſſes en ont tous fait des plaintes.

La déclaration de la Cour Britannique contient auſſi, comme une autre raiſon de la rupture, le refus de l'affistance à la quelle les Etats étoient obligés en vertu de l'alliance de 1678. Ils s'en sont excusés par la non-éxistence du *Casus foederis*, le traité étant expressément restreint à l'Europe seule. Par conséquent une guerre qui tiroit son origine des disputes sur des droits et possessions en Amérique, dispensoit sans doute la République de son obligation.

Et comment les Anglois pouvoient-ils insister sur l'accomplissement de ce traité d'alliance, lorsque, dès-le commencement de la présente guerre, ils contrevinrent eux-mêmes au traité de commerce, fait en 1674 avec les Etats, en arrêtant et saisissant des vaisseaux Hollandois chargés de munitions navales y expressément permises, en demandant même la suspension de cet article, et enfin en le suspendant de leur seule et propre autorité? Dans le tems que ce traité fut conclu, les Anglois en retirèrent immédiatement tous les avantages, en pour voyant, sans en être empêchés, les François pourlors en guerre avec les Etats, de toutes sortes de munitions navales. A présent le tour étant aux Hollandois de jouir de ces avantages, on les en a exclus, et on y a employé la force. Une nation qui refuſe d'obſerver un traité ſolennel envers une autre, peut-elle demander juſtement que celle-ci accompliſſe une autre convention faite avec cette même nation? La République ſe voit donc très-innocemment entrainée dans cette guerre, qui étant imprévuë, a été dans ſon commencement accompagnée de pertes immenſes pour ſon commerce. Car à peine la déclaration des repréſailles fut-elle publiée, que les Armateurs Anglois donnèrent la chaſſe aux batimens marchands Hollandois qui étoient en mer. Un nombre infini en fut ſaiſi en peu de jours, et tous les ports Anglois fourmillèrent de priſes.

On ſera moins ſurpris de cette attaque ſoudaine d'un peuple qui ne ſ'y attendoit point du tout, quand on ſe ſouviendra que Charles II. dans ſes deux guerres avec les Etats, a fait ſaiſir leurs vaiſſeaux, même avant la déclaration de guerre. Les Anglois en firent de même en 1755 dans leur dernière guerre avec la France. Le motif qui les a porté à cette irrégularité, eſt la deſtruction du commerce de ſes ennemis. Mais l'humanité en fremit, et déplore le malheur et les pertes de tant de milliers d'innocens, qui ſe croyoient ſûrs ſous le bouclier de la paix et de la foi publique. Aussi ce procedé très-dur contre les Hollandois, n'a-t-il pas été généralement applaudi en Angleterre. Le Duc de Richmond et huit autres Pairs dans la Chambre des Seigneurs, l'ont déclare injuste.

Les Algériens, en rompant en 1755 la paix avec les Provinces Unies, firent le 20me Fevrier declarer à leur Consul Paravicini, que la guerre étoit résoluë, et qu'elle commenceroit le 20me Avril. Ainsi les vaisseaux Hollandois gagnèrent deux mois de tems pour pourvoir à leur sûreté, et pour se soustraire au danger.

Cet éxemple d'humanité et d'équité d'un Etat piratique, ne merite-t-il pas d'être imité par les peuples chrétiens et civilisés de l'Europe? ou ne mérite-t-il pas cette imitation, parcequ'un peuple infidéle et barbare l'a donné?

FIN.

www.ingramcontent.com/pod-product-compliance
Ingram Content Group UK Ltd.
Pitfield, Milton Keynes, MK11 3LW, UK
UKHW021154260726
13994UKWH00001B/453